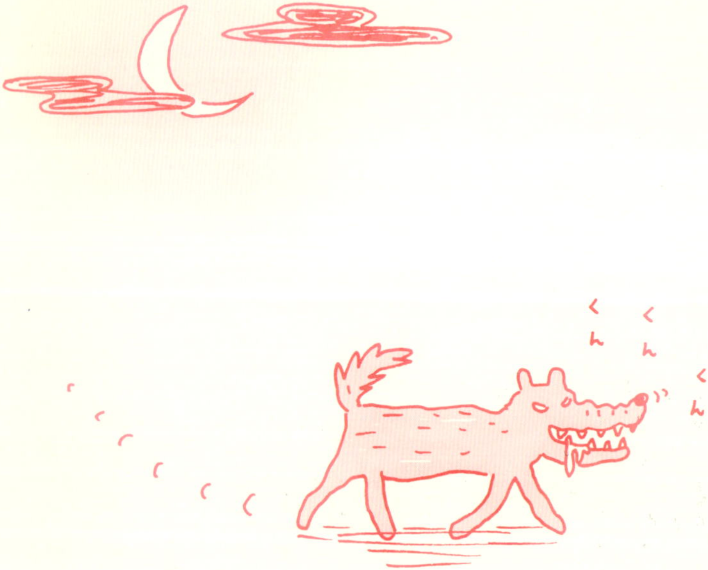
くん
くん
くん

はじめてだったころ

たかぎなおこ

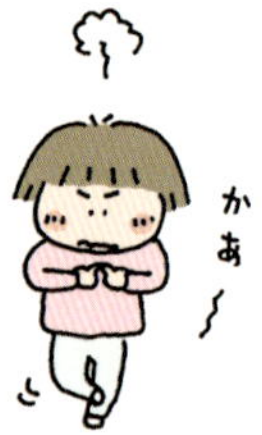

廣済堂出版

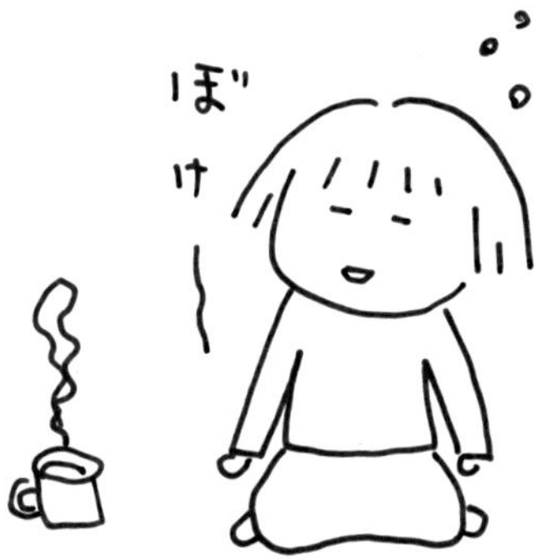

たかぎなおこ

2005・6・8

「はじめて」は、いつもドキドキ……。

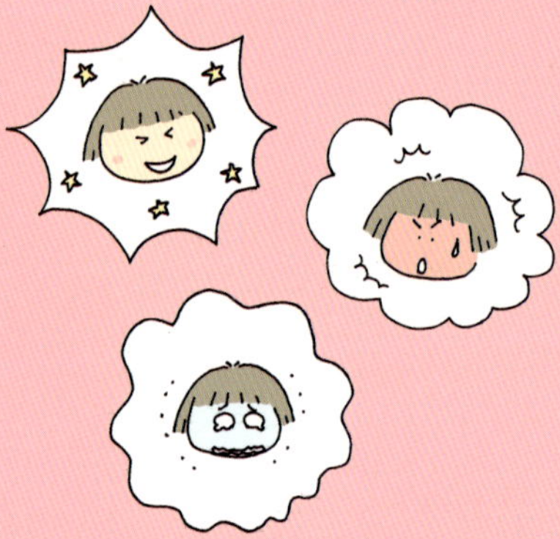

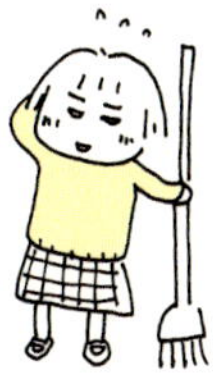

まえがき

普段なにげなくやっていることでも、
考えてみたらそれをはじめてやってみたとき
というのが過去にあったんだよなぁ〜と思うことがあります。
例えばメールを送ったり、インターネットをしたりなんかでも、
今はあたりまえのようにしているけど、
ちょっと前に、はじめてだったときがあったんだよなぁ〜と思ったり。
はじめてFAXを使ったときも、送り方がわからなくて困ったり、
本当に送れたかどうかって、すごく心配になった覚えがあるなぁ…。
もっと子どもの頃だったら、はじめて電話をかけてみたって日もあっただろうし、
テレビ番組のように、はじめておつかいに行ったとか、

はじめてひとりでバスに乗れたとか、はじめてコーラを飲んだとか、
小さいことを入れれば、本当に数えきれないくらいの「はじめて」が
今までにあったのだと思います。

もう昔すぎて憶えてないことも多いけど、きっとそのときそのときは、
それなりにドキドキしたり感動したりしながら、
その「はじめて」を経験していたんじゃないのかなぁ…。

そんないっぱいいっぱいある「はじめて」の中から、
いくつかの印象的なエピソードを思い出しつつ描いてみました。
自分もはじめてのときはこんな感じだったなぁ〜とか、
自分のときはこんな感じじゃなかったなぁ〜とか、
そんなことを思いつつ読んでいただけたらうれしいです。

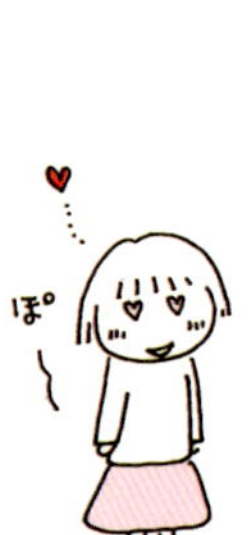

contents ✦ もくじ

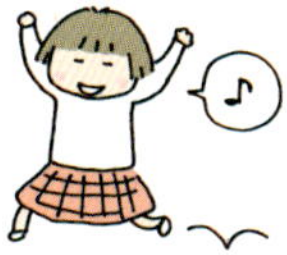

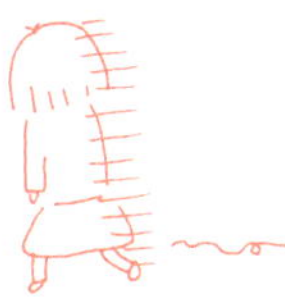

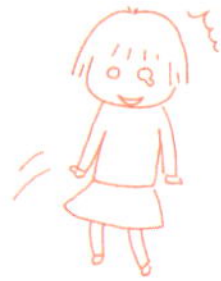

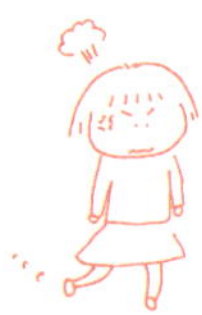

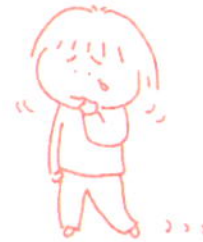

Chapter 8

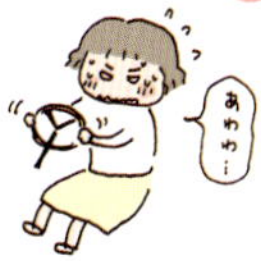

Chapter 9

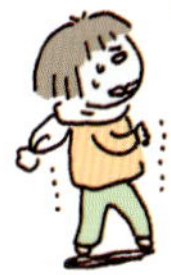

Chapter 10

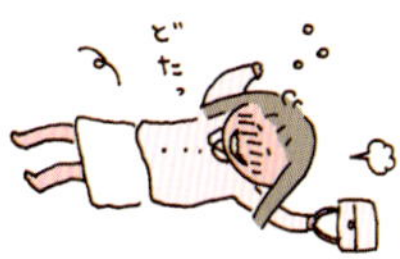

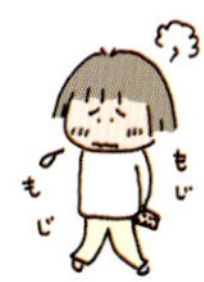

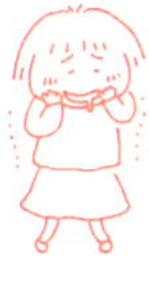

Chapter 1

はじめてのマクドナルド

1983年
9歳

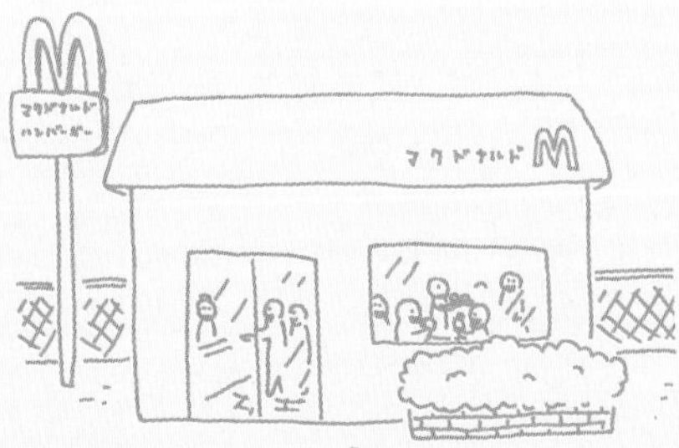

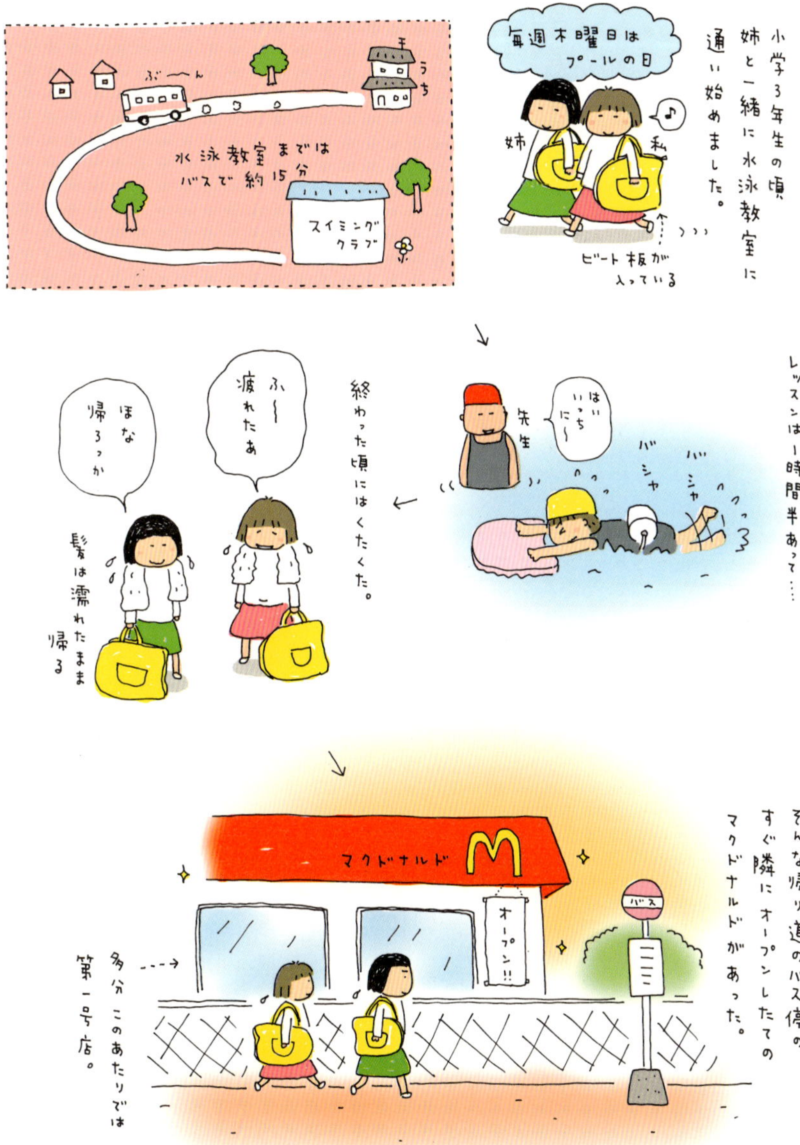
小学3年生の頃姉と一緒に水泳教室に通い始めました。
毎週木曜日は
プールの日
姉
私
ビート板が入っている
うち
ぶ〜〜ん
水泳教室までは
バスで約15分
スイミングクラブ
レッスンは1時間半あって……
はい
いっちに〜
先生
バシャ
バシャ
終わった頃にはくたくた。
ふ〜
疲れたあ
ほな
帰ろっか
髪は濡れたまま帰る
そんな帰り道のバス停のすぐ隣にオープンしたてのマクドナルドがあった。
マクドナルド
オープン!!
バス
多分このあたりでは
第一号店。

店内から流れてくる
おいしそうなにおいは
水泳あとのハラペコの
おなかにはたまらない……。

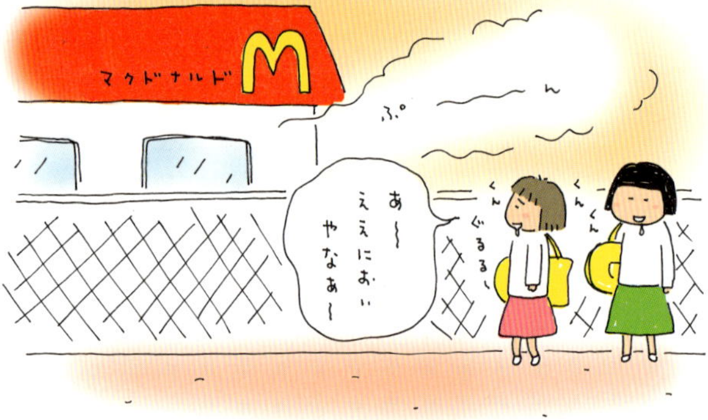

だけど当時うちでは
ファーストフードは食べては
いけないものとされていたので…

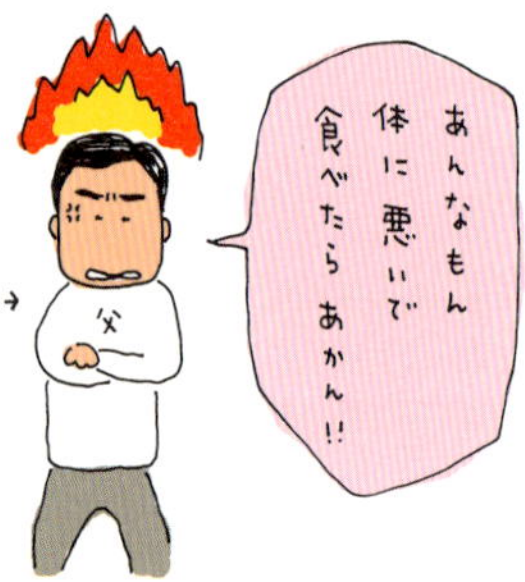

外食といえば
うどんか中華なん

私はマクドナルドを
食べたことがなかった。

だからマクドナルドは
いつもながめているだけで…

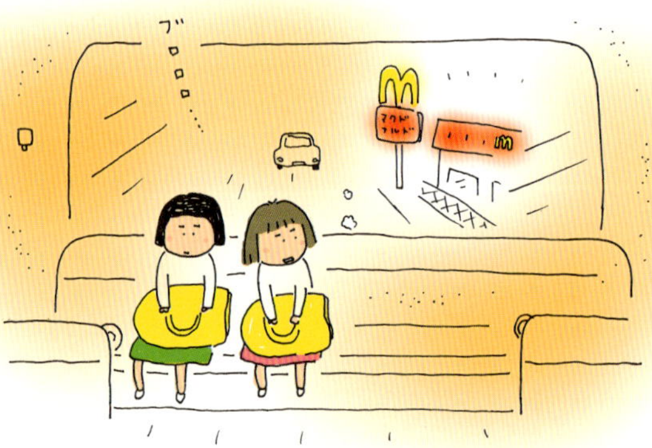

手の届かない
遠い存在のように
思っていた。

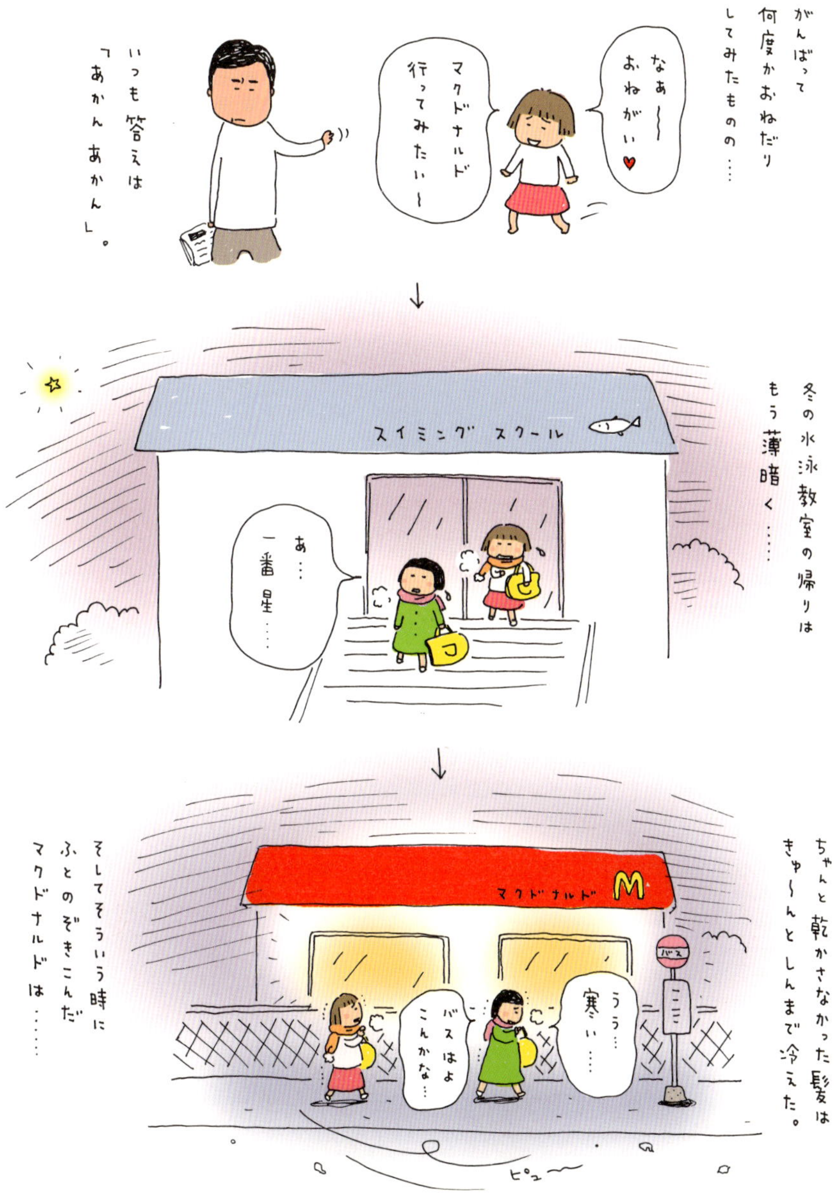
がんばって何度かおねだりしてみたものの……
なぁ〜おねがい♥
マクドナルド行ってみたい〜
いっつも答えは「あかんあかん」。
冬の水泳教室の帰りはもう薄暗く……
スイミング スクール
あ…一番星……
ちゃんと乾かさなかった髪はきゅ〜んとしんまで冷えた。
マクドナルド
バス
うう…寒い……
バスはよこんかな…
そしてそういう時にふとのぞきこんだマクドナルドは……
ピュ〜〜

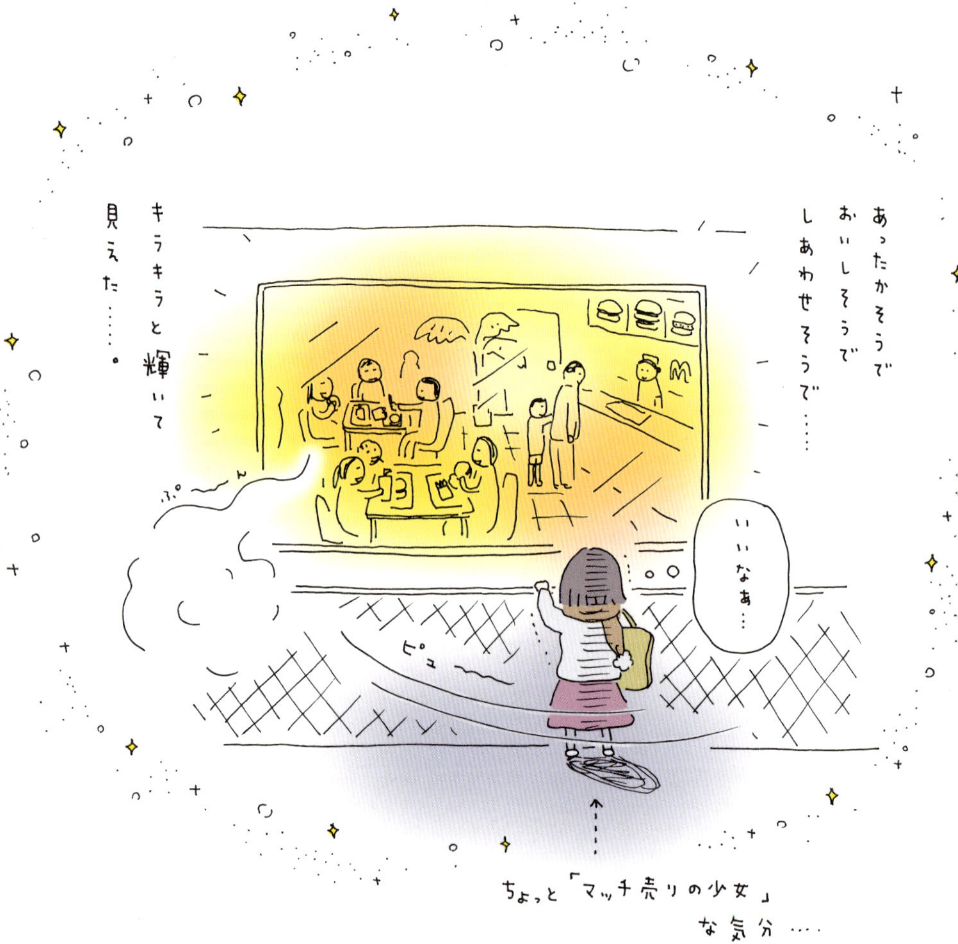
あったかそうで
おいしそうで
しあわせそうで……
キラキラと輝いて
見えた……。
ぷ〜〜ん
いいなあ…
ピュ〜
ちょっと「マッチ売りの少女」な気分….

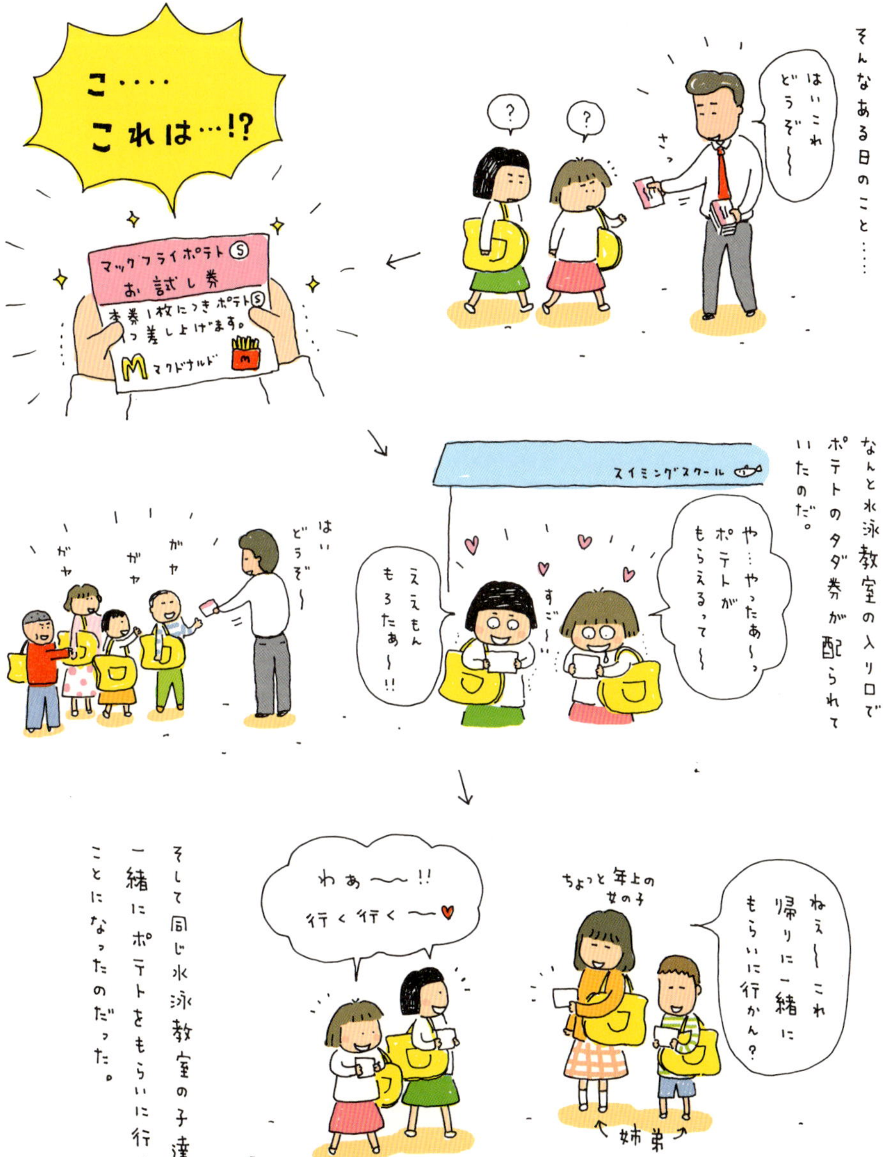
そんなある日のこと……
はい これ どうぞ〜
さっ
?
?
こ…… これは…!?
マックフライポテト S
お試し券
本券1枚につきポテトS 1つ差し上げます。
マクドナルド
なんと水泳教室の入り口でポテトのタダ券が配られていたのだ。
スイミングスクール
や…やったあ〜っ ポテトが もらえるって〜
すご〜い
ええもん もろたあ〜!!
はい どうぞ〜
ガヤ ガヤ
ガヤ
ちょっと年上の女の子
ねえ〜 これ 帰りに一緒に もらいに行かん?
姉弟
わあ〜〜!! 行く行く〜〜♥
そして同じ水泳教室の子達と一緒にポテトをもらいに行くことになったのだ。

やがて水泳教室も終わり
いつものハラペコおなかを
抱えていざマクドナルドへ。

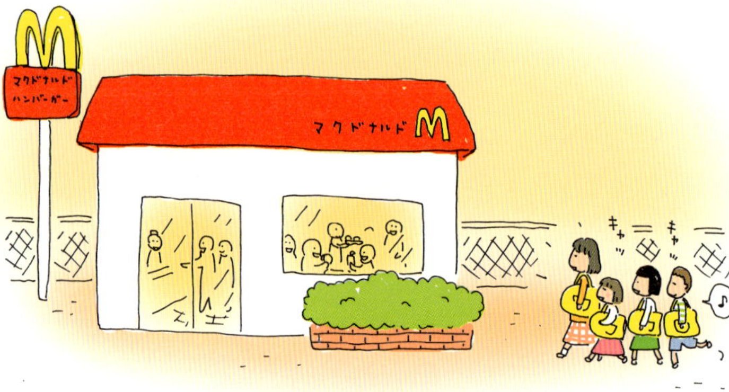

店内はいつも外からかいでいた
あのたまらないいいにおいが
充満していた。

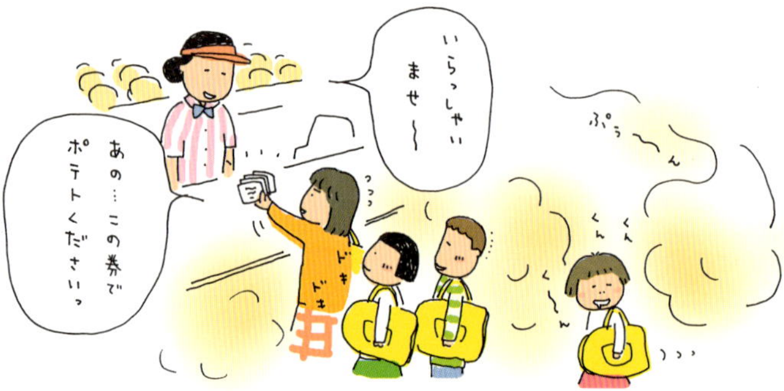

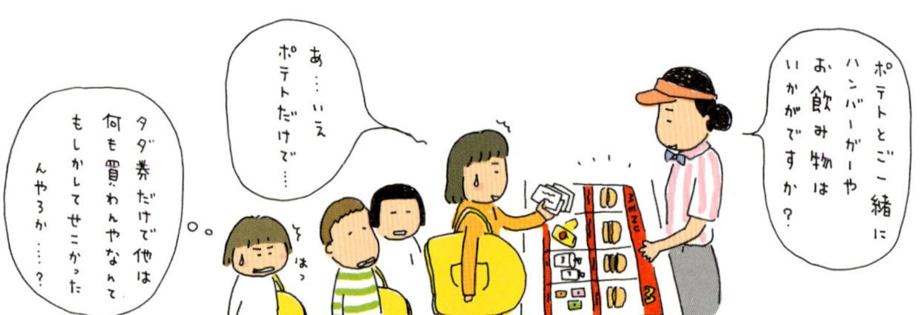

…と、子ども心に思う

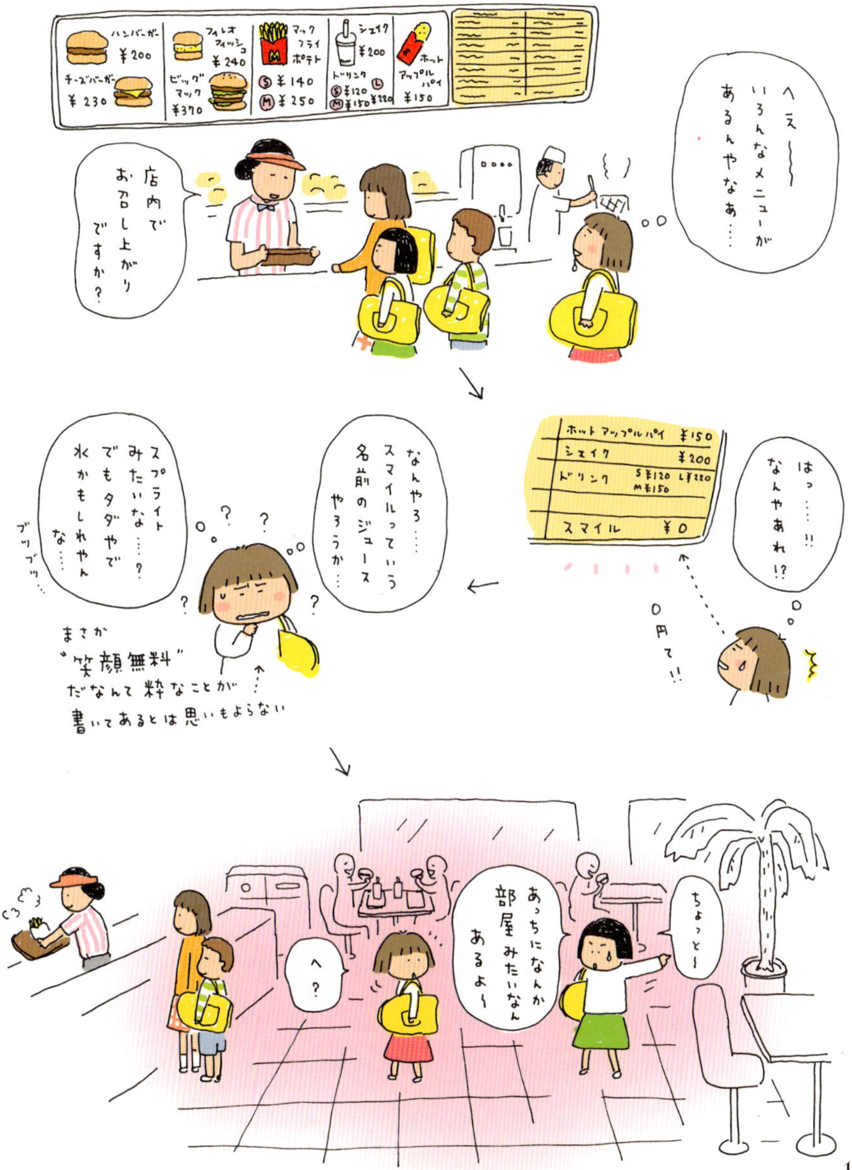
ハンバーガー ¥200
チーズバーガー ¥230
フィレオフィッシュ ¥240
ビッグマック ¥370
マックフライポテト S ¥140 M ¥250
シェイク ¥200
ドリンク S ¥120 M ¥150 L ¥220
ホットアップルパイ ¥150
店内でお召し上がりですか？
へえ〜〜 いろんなメニューがあるんやなあ…
はっ…!! なんやあれ!?
ホットアップルパイ ¥150
シェイク ¥200
ドリンク S¥120 M¥150 L¥220
スマイル ¥0
0円て!!
なんやろ…スマイルっていう名前のジュースやろうか…
スプライトみたいな…？ でもタダやで 水かもしれやんな…
ブツブツ…
まさか"笑顔無料"だなんて粋なことが書いてあるとは思いもよらない
ちょっと〜
あっちになんか部屋みたいなんあるよ〜
へ？

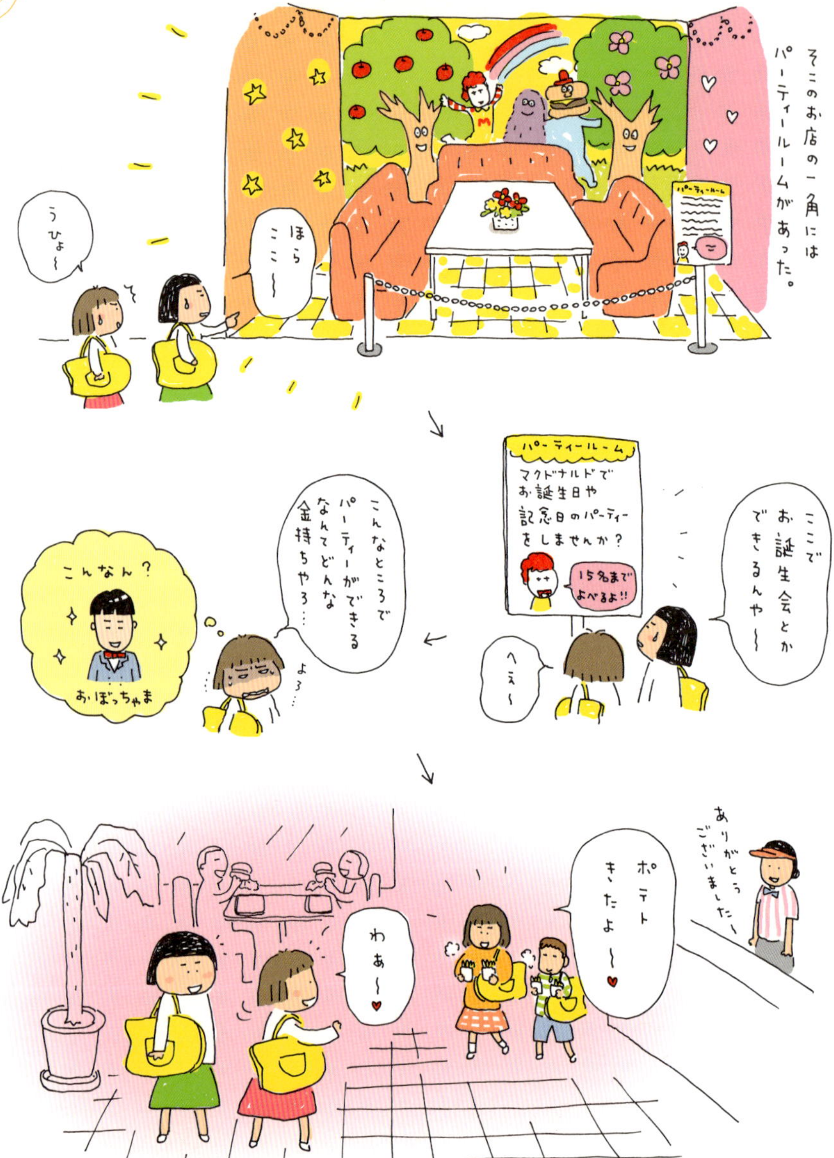
そこのお店の一角にはパーティールームがあった。
ほら ここ〜
うひょ〜
パーティールーム
マクドナルドで
お誕生日や
記念日のパーティー
をしませんか？
15名まで よべるよ!!
ここでお誕生会とかできるんや〜
へぇ〜
こんなところでパーティーができるなんてどんな金持ちやろ…
よろ…
こんなん？
おぼっちゃま
ありがとうございました〜
ポテトきたよ〜♥
わぁ〜♥

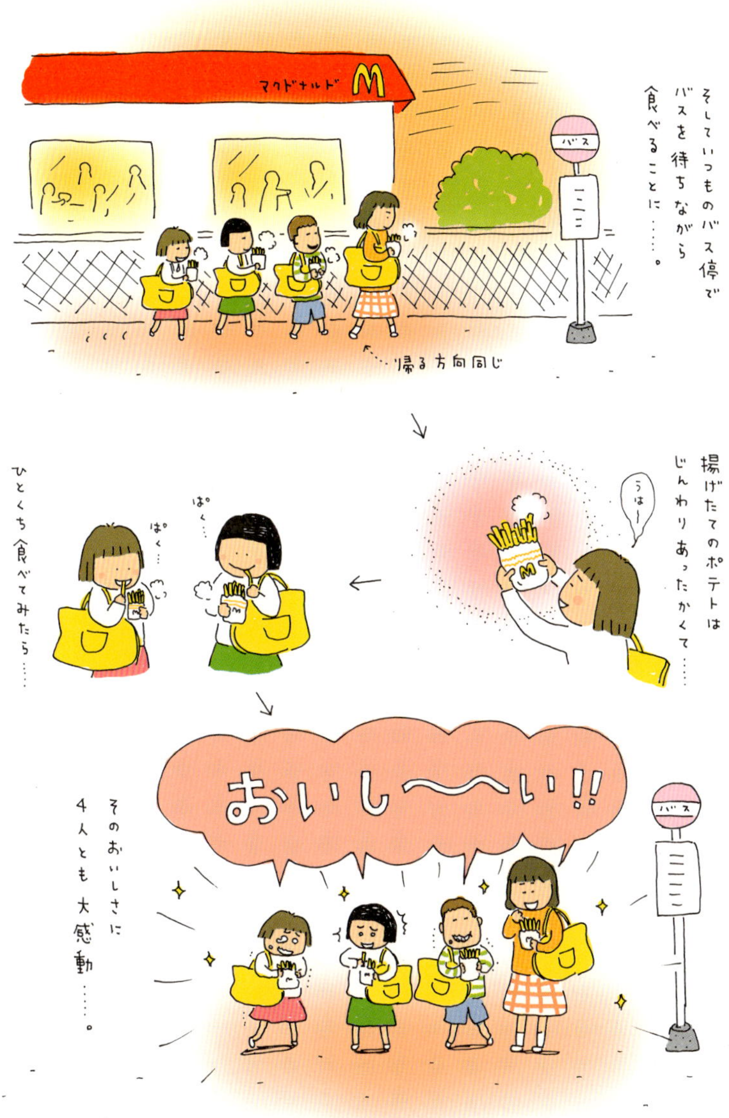
マクドナルド
そしていつものバス停で
バスを待ちながら
食べることに……。
バス
帰る方向同じ
揚げたてのポテトは
じんわりあったかくて……
うはー
ひとくち食べてみたら……
ぱく…
ぱく…
おいし〜〜い!!
バス
そのおいしさに
4人とも大感動……。

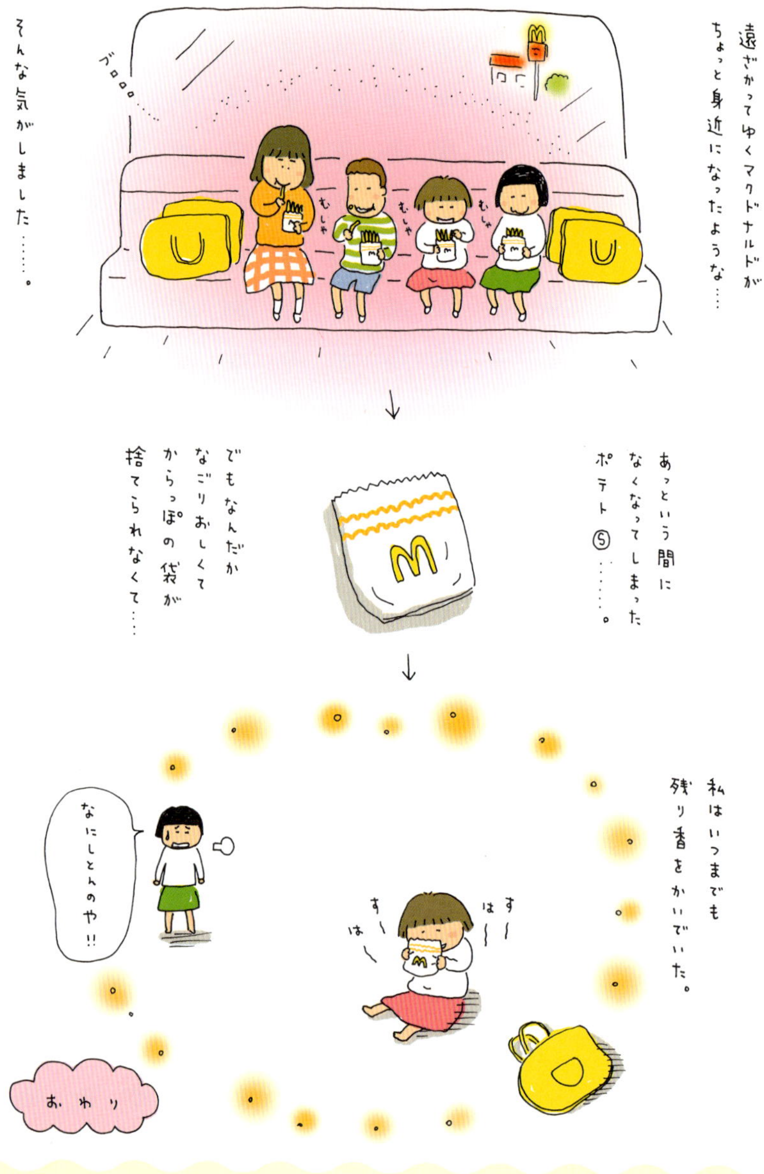
遠ざかってゆくマクドナルドが
ちょっと身近になったような……
ブロロロ……
むしゃ
むしゃ
むしゃ
そんな気がしました……。
あっという間に
なくなってしまった
ポテト⑤……。
でもなんだか
なごりおしくて
からっぽの袋が
捨てられなくて….
私はいつまでも
残り香をかいでいた。
す～は～
す～は～
なにしとんのや!!
おわり

その後のマクドナルド

中学生になって友達同士で出掛けるようになるとファーストフードはおこづかいで気軽に食べられるものとなった。

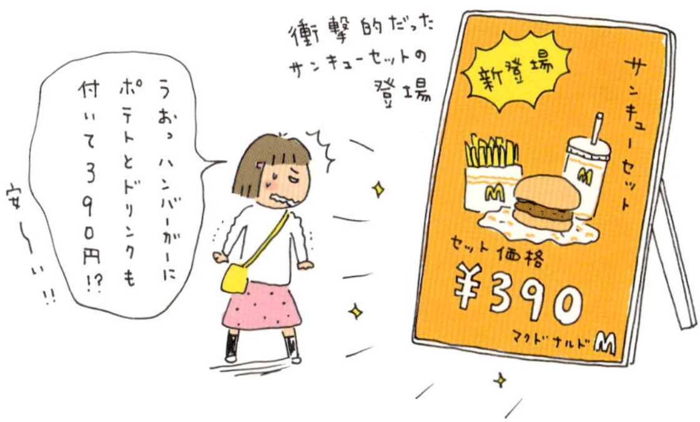

そして今でもときどきマクドナルドに行くのだけど……

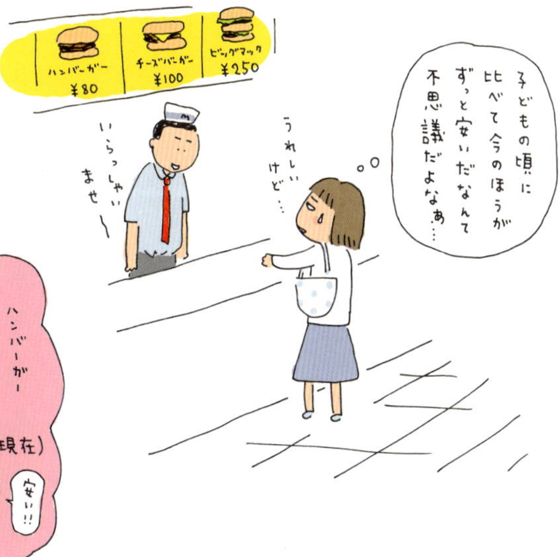

……と、よく思う。

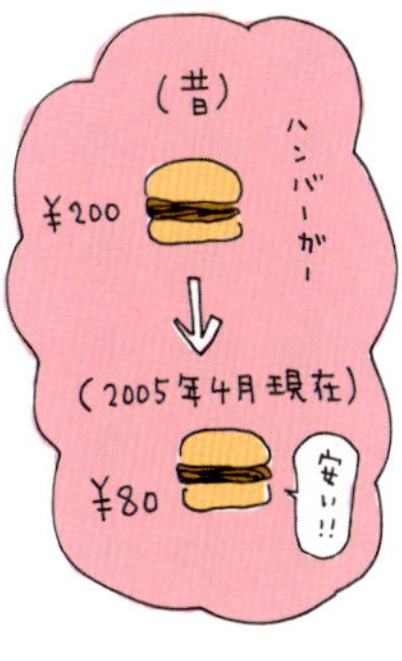

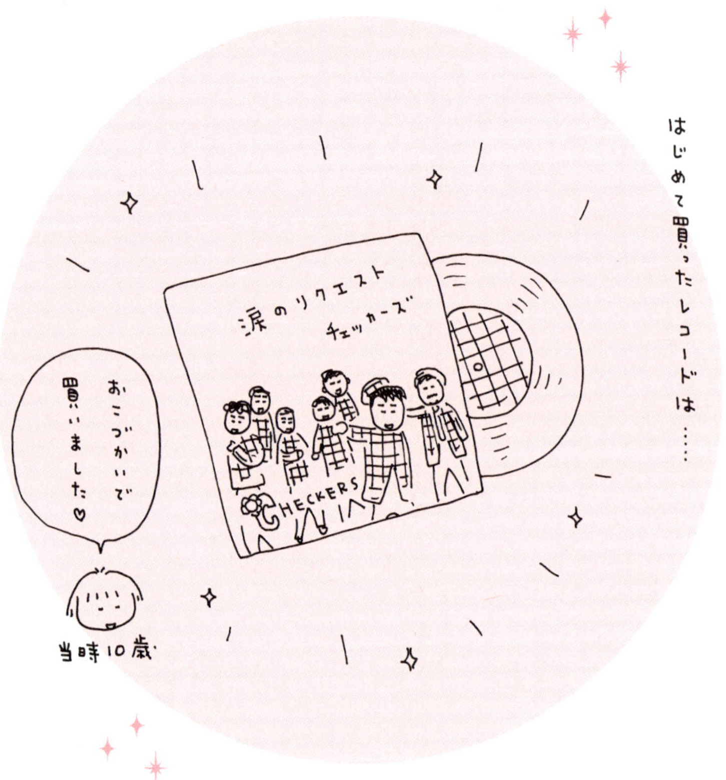
はじめて買ったレコードは……
涙のリクエスト
チェッカーズ
CHECKERS
おこづかいで買いました♡
当時10歳

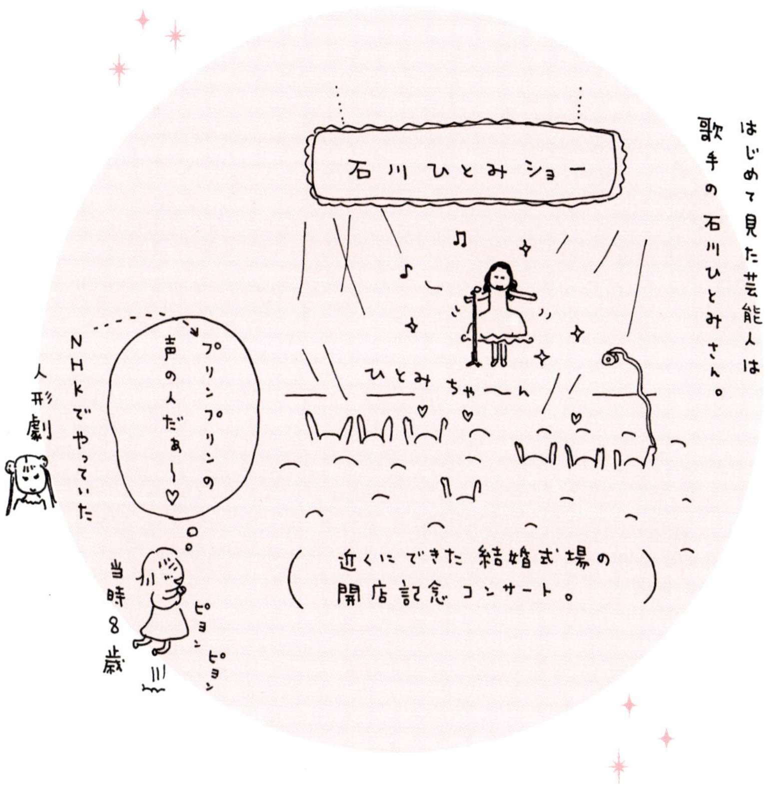

はじめて見た芸能人は
歌手の石川ひとみさん。
石川ひとみショー
ひとみちゃ〜ん
近くにできた結婚式場の
開店記念コンサート。
プリンプリンの
声の人だぁ〜♡
NHKでやっていた
人形劇
当時8歳
ピョンピョン

Chapter 2

はじめての徹夜

1988年
14歳

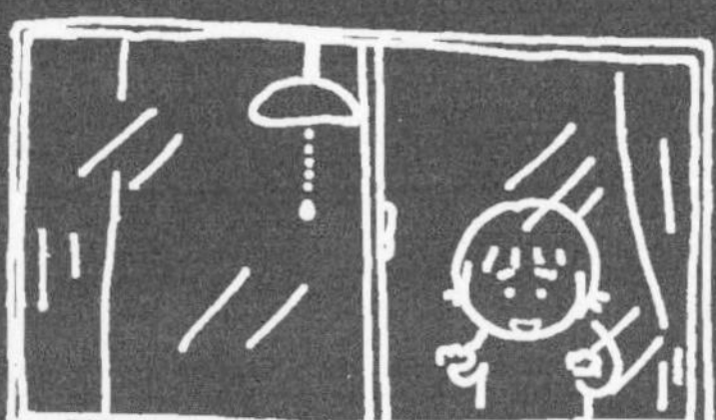

子どもの頃 夜遅くまで起きているとお母さんがよくこう言った。

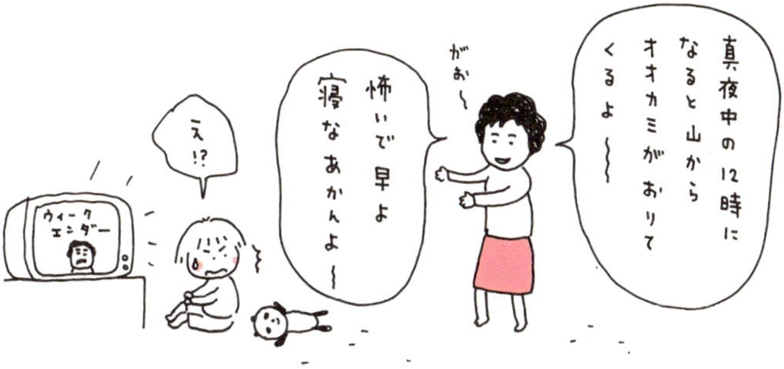

うちの近くには小さな山がひとつあるのだけど、そこにオオカミがすんでいると あっさり信じてしまった私は恐ろしくて仕方なかった。

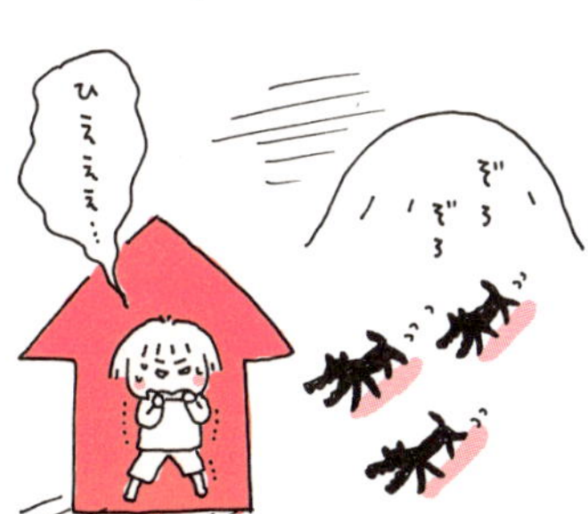

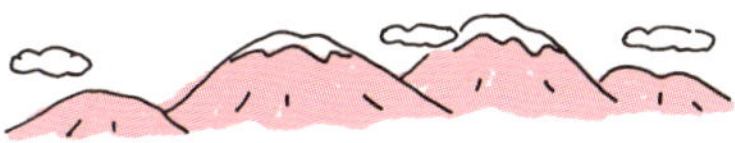

なんせもっと西のほうにそびえる鈴鹿山脈にはアルプスの少女ハイジが住んでいると思っていたくらい私の世界は狭かったのだ。

※鈴鹿山脈 三重県と滋賀県のあいだに連なる山脈

そんなわけでちびっこだった私はどんなに遅くとも12時前には必ず寝るようにしていた。

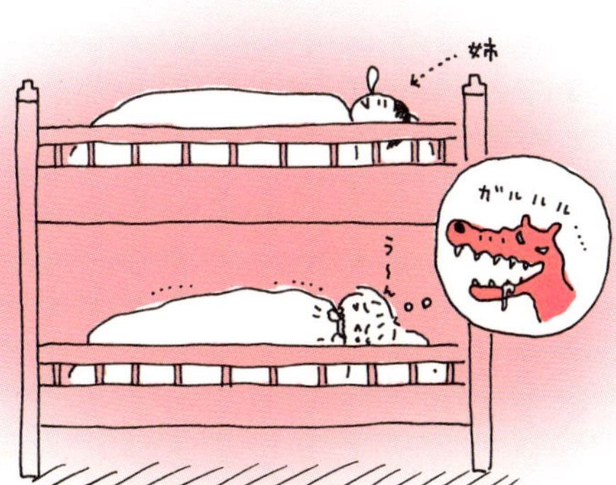

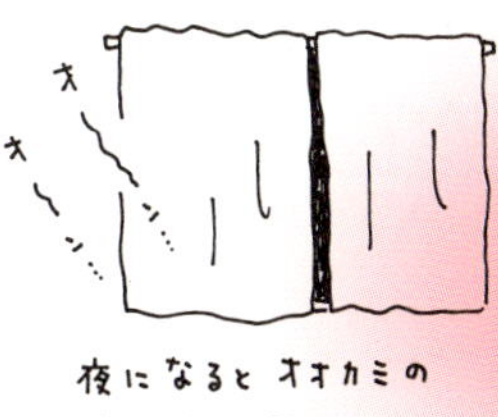

夜になると オオカミの鳴き声が聞こえてくるような気がしていた。

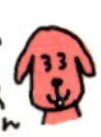

(今思えばただの犬の遠吠え…?)

時は過ぎ去り中学生になった頃にはさすがにもうオオカミは信じちゃいなかったので……

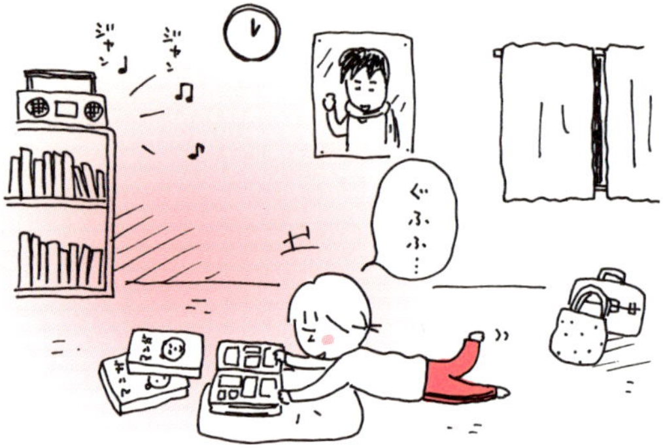

12時を過ぎても平気で夜更かししていました。

だけど2時にはもう睡魔の限界……。

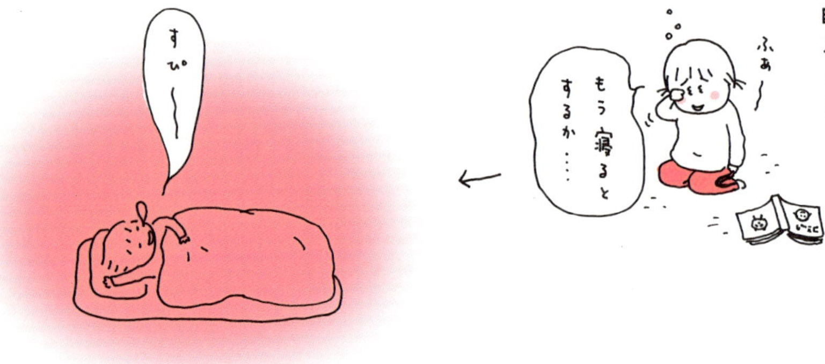

ところがテスト期間が始まったある日のこと……。

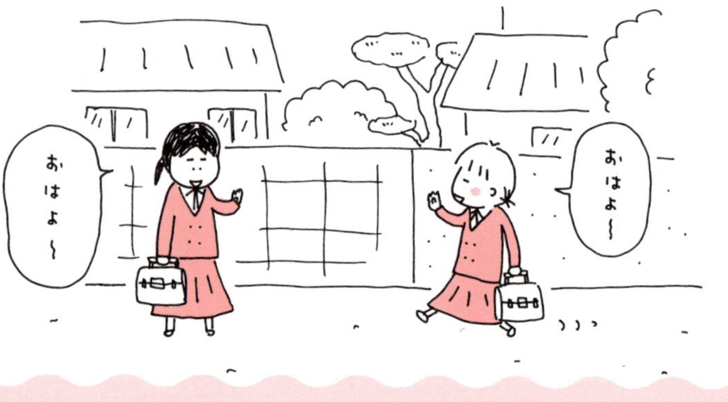

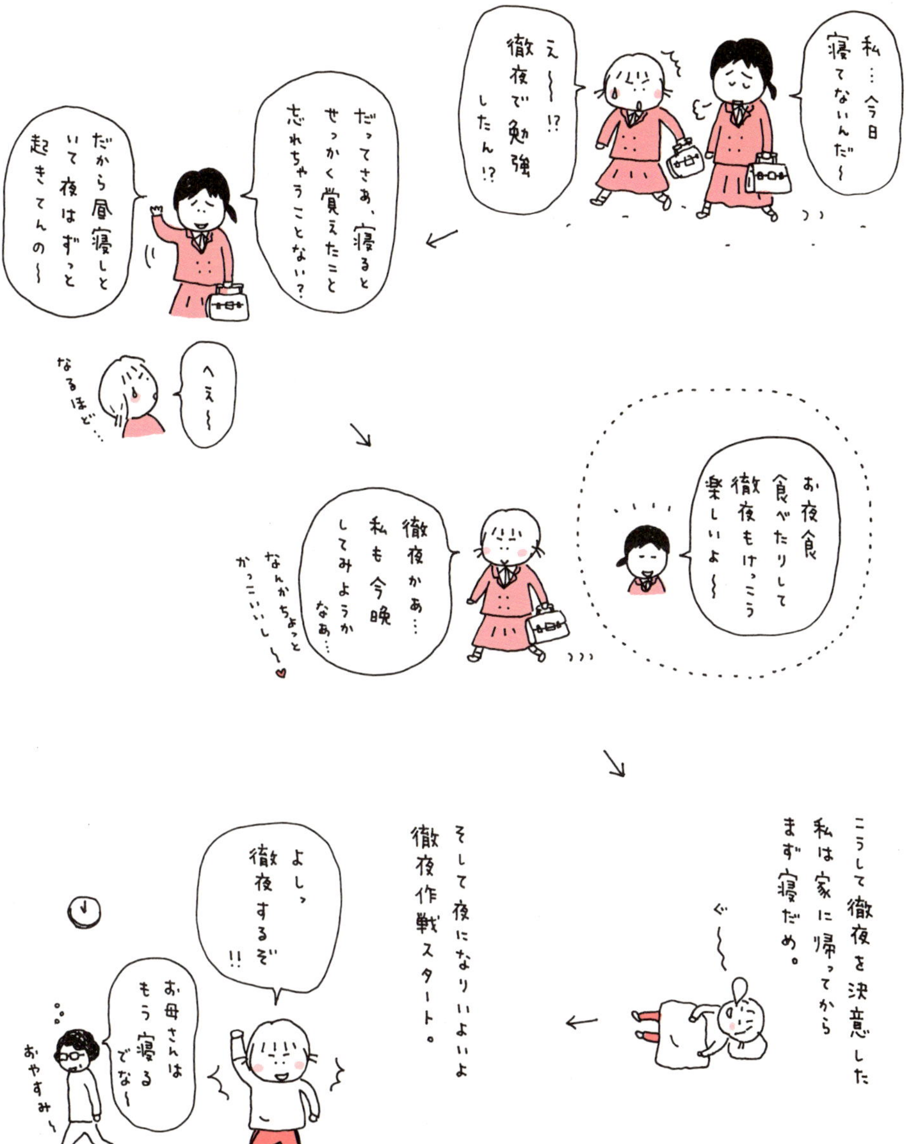
私…今日寝てないんだ~
え~~!?徹夜で勉強したん!?
だってさあ、寝るとせっかく覚えたこと忘れちゃうことない？
だから昼寝しといて夜はずっと起きてんの~
へえ~
なるほど…
お夜食食べたりして徹夜もけっこう楽しいよ~
徹夜かあ…私も今晩してみようかなあ…
なんかちょっとかっこいいし~♡
こうして徹夜を決意した私は家に帰ってからまず寝ため。
ぐ~~
そして夜になりいよいよ徹夜作戦スタート。
よしっ徹夜するぞ!!
お母さんはもう寝るでな~
おやすみ~

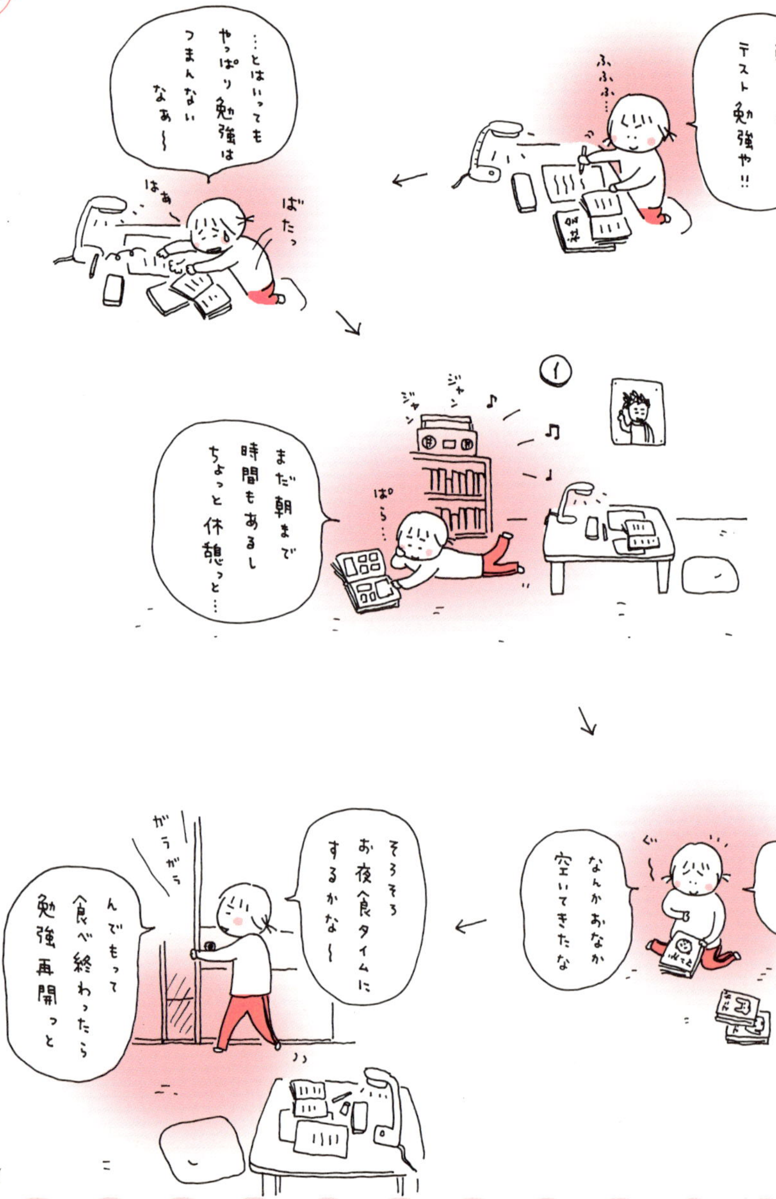
朝までばっちりテスト勉強や!!
ふふふ…
…とはいってもやっぱり勉強はつまんないなあ〜
はあ〜
ばたっ
ジャンジャン
まだ朝まで時間もあるしちょっと休憩っと…
ぱら…
あれ?
なんかおなか空いてきたな
ぐ〜
そろそろお夜食タイムにするかな〜
ガラガラ
んでもって食べ終わったら勉強再開っと

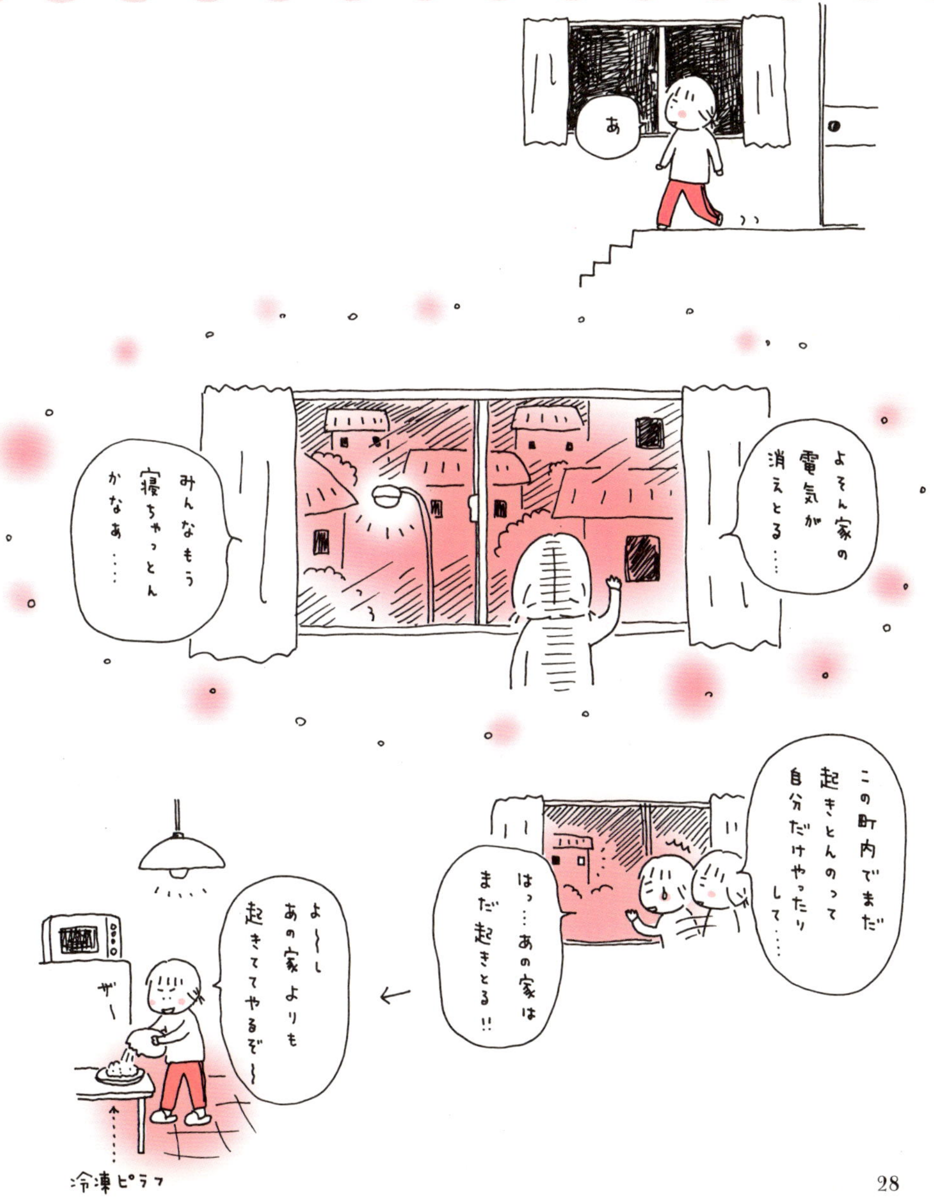

あ
よそん家の電気が消えとる…
みんなもう寝ちゃっとんかなあ…
この町内でまだ起きとんのって自分だけやったりして…
はっ…あの家はまだ起きとる!!
よ〜し あの家よりも起きててやるぞ〜
ザー
冷凍ピラフ

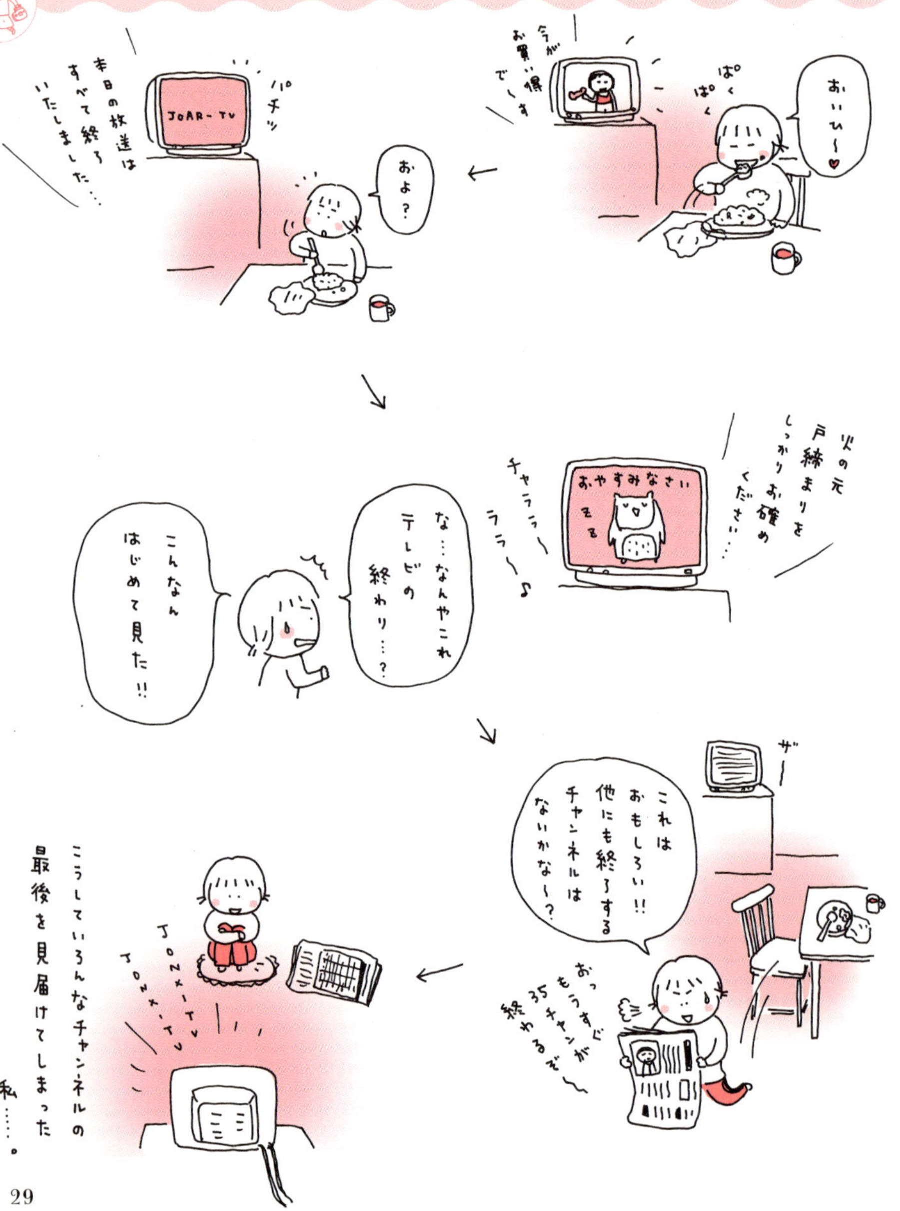
今がお買い得で〜す
ぱくぱく
おいひ〜♥
本日の放送はすべて終了いたしました…
パチッ
JOAR-TV
およ?
火の元戸締まりをしっかりお確かめください…
おやすみなさい
チャララ〜ララ〜♪
な…なんやこれテレビの終わり…?
こんなんはじめて見た!!
ザー
これはおもしろい!! 他にも終了するチャンネルはないかな〜?
おっもうすぐ35チャンが終わるぞ〜
JONX-TV
JONX-TV
こうしていろんなチャンネルの最後を見届けてしまった私……。

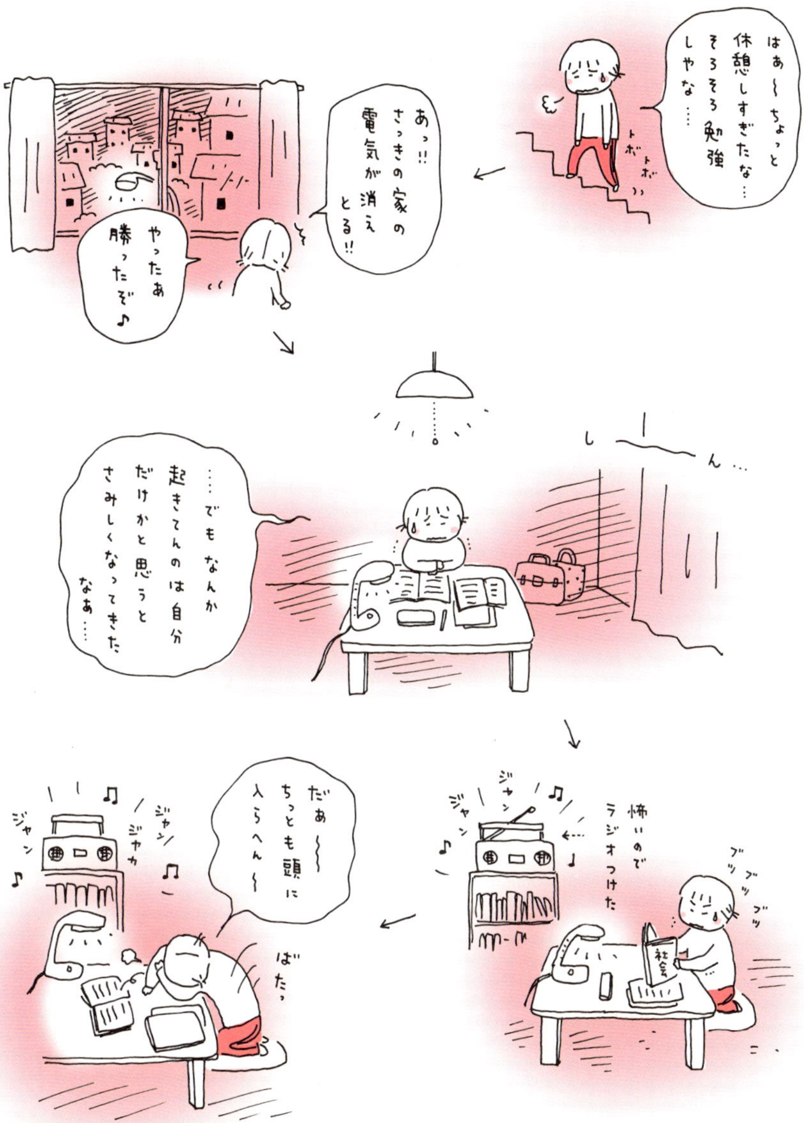
はあ～ちょっと休憩しすぎたな…そろそろ勉強しやな…
トボトボ
あっ!!さっきの家の電気が消えとる!!
やったあ勝ったぞ♪
し～～ん…
…でもなんか起きてんのは自分だけかと思うとさみしくなってきたなあ…
怖いのでラジオつけた
ジャンジャン
ブツブツブツ
社会
だあ～～ちっとも頭に入らへん～
ジャンジャカ
ジャン
ばたっ

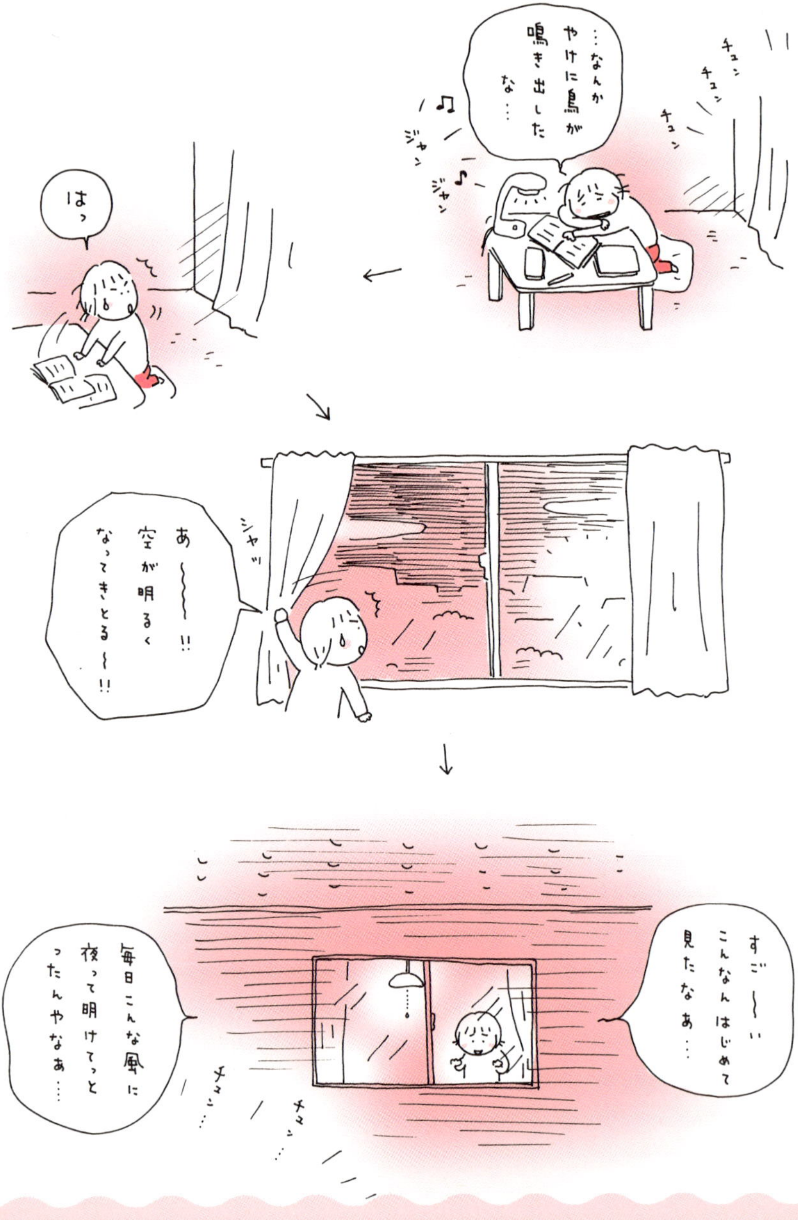

…なんかやけに鳥が鳴き出したな…
チュン
チュン
チュン
ジャン
ジャン
はっ
シャッ
あ〜〜〜!! 空が明るくなってきとる〜!!
すご〜い こんなんはじめて見たなあ…
毎日こんな風に夜って明けてったんやなあ…
チマ…
チマ…

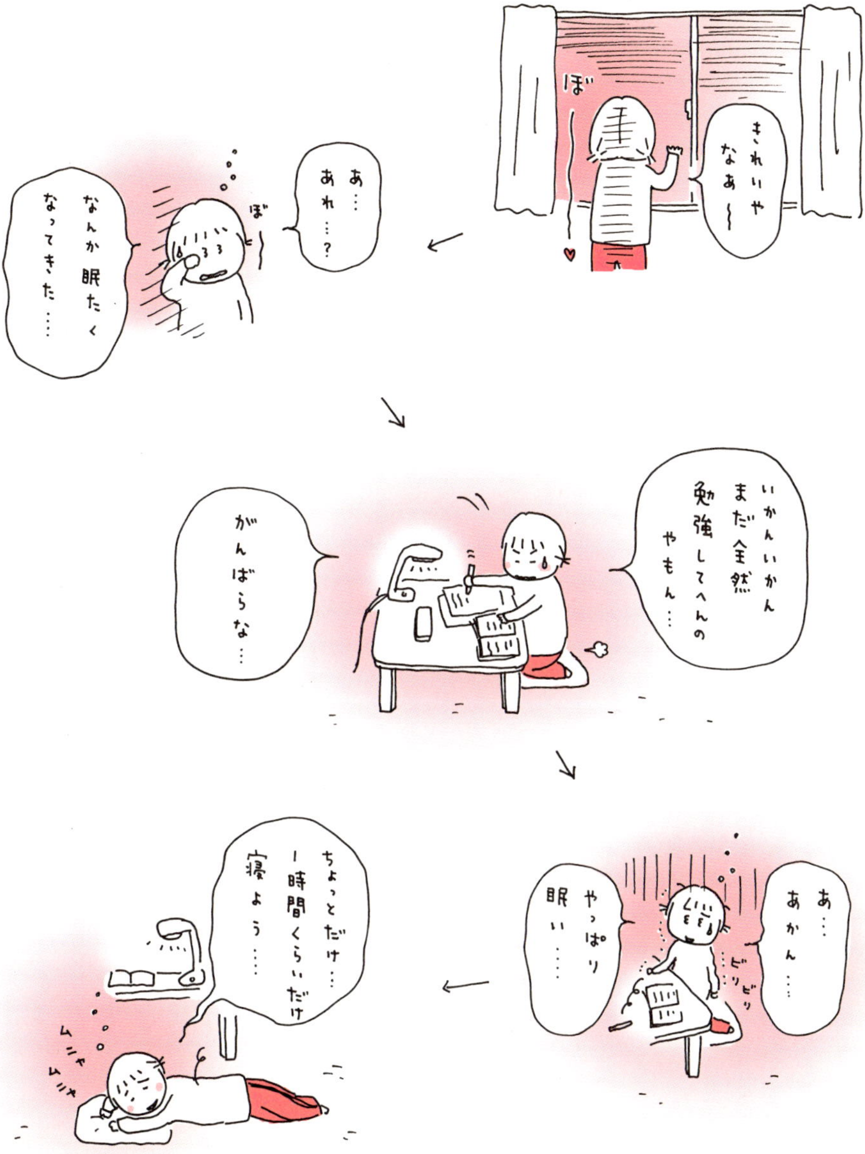
ぼー
きれいやなぁ〜
あ…あれ…？
ぼー
なんか眠たくなってきた…
いかんいかん まだ全然勉強してへんのやもん…
がんばらな…
あ…あかん…
ビリビリ
やっぱり眠い…
ちょっとだけ…1時間くらいだけ寝よう…
ムニャムニャ

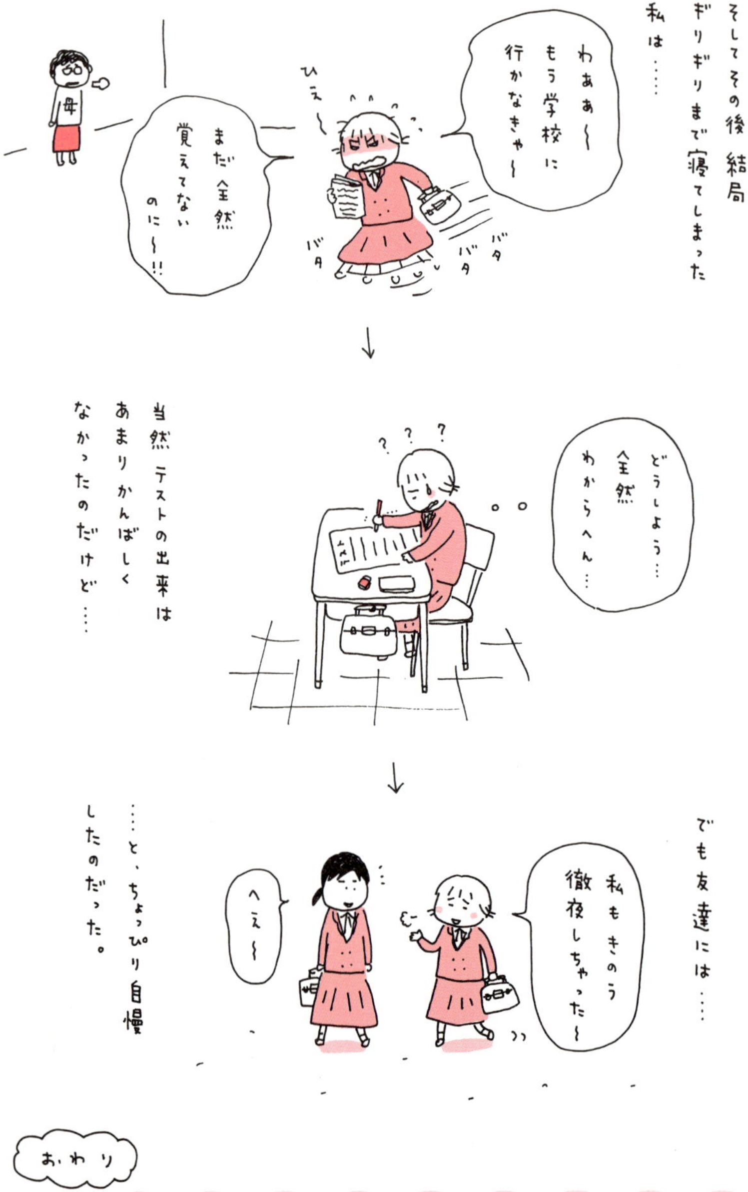
そしてその後 結局
ギリギリまで寝てしまった
私は……
わああ〜
もう学校に
行かなきゃ〜
ひえ〜
まだ全然
覚えてない
のに〜!!
バタ
バタ
バタ
バタ
どうしよう…
全然
わからへん…
当然テストの出来は
あまりかんばしく
なかったのだけど……
でも友達には……
私もきのう
徹夜しちゃった〜
へえ〜
……と、ちょっぴり自慢
したのだった。
おわり

その後の徹夜

最近の私は夜通し起きて
いることはめずらしいこと
ではありません。

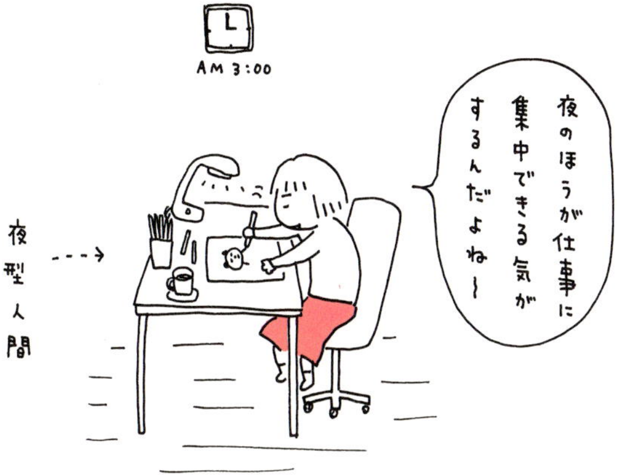

でも朝方に寝て、お昼くらいまで
寝ているときに仕事の電話が
かかってくると ものすごくあわてて
しまいます。

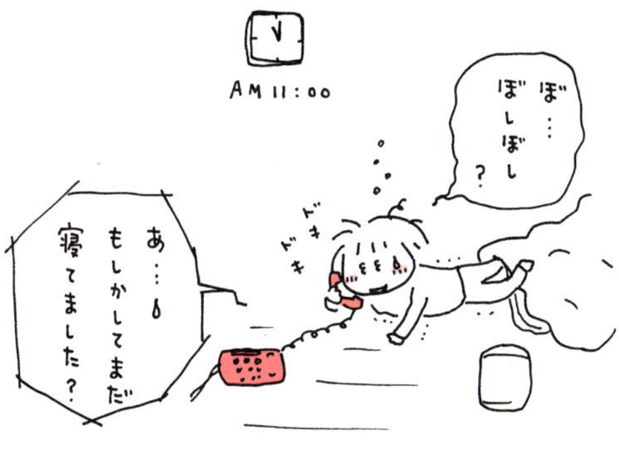

そしてなぜか絶対
寝起きとバレます……。

はじめてユニットバスを見たとき、大ショックを受けた。

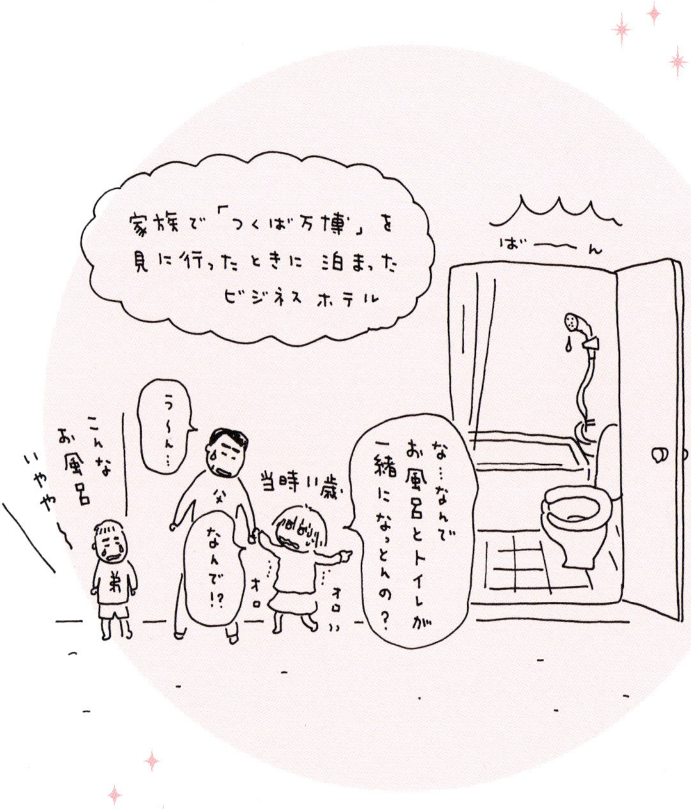

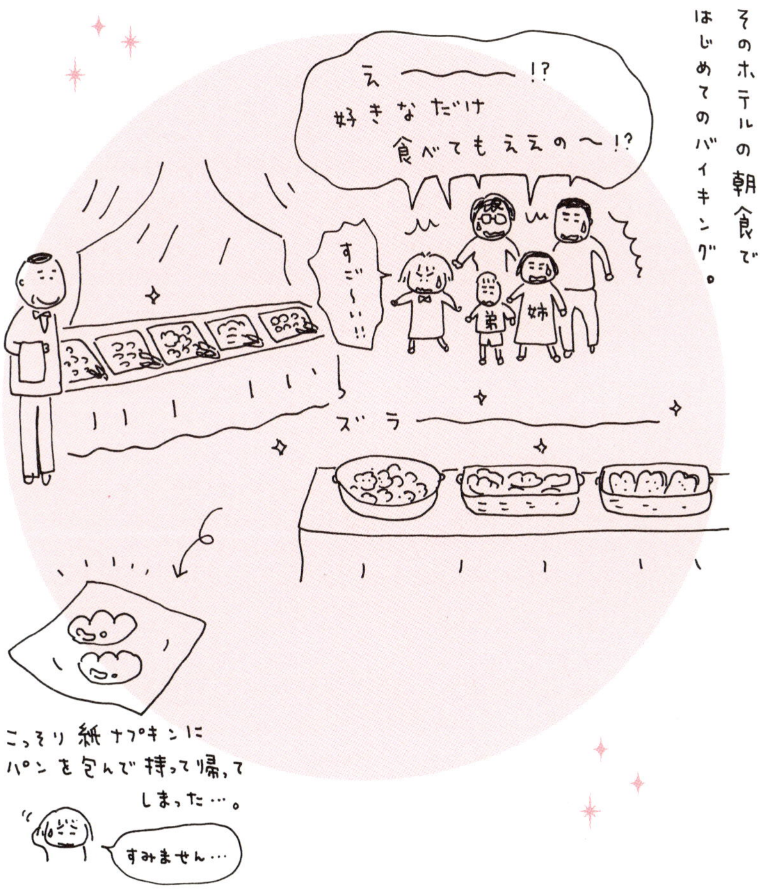
そのホテルの朝食で
はじめてのバイキング。
え〜〜〜!?
好きなだけ
食べてもええの〜!?
すご〜い!!
ズラ〜〜
こっそり紙ナプキンに
パンを包んで持って帰って
しまった…。
すみません…

Chapter 3

はじめてのバレンタインデー

1981年
7歳

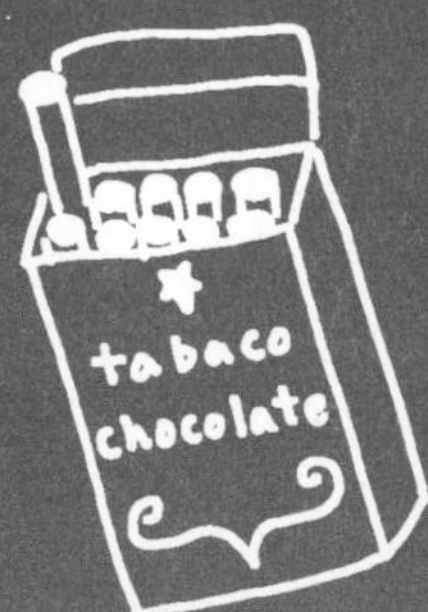

それは7歳の2月14日のこと……。

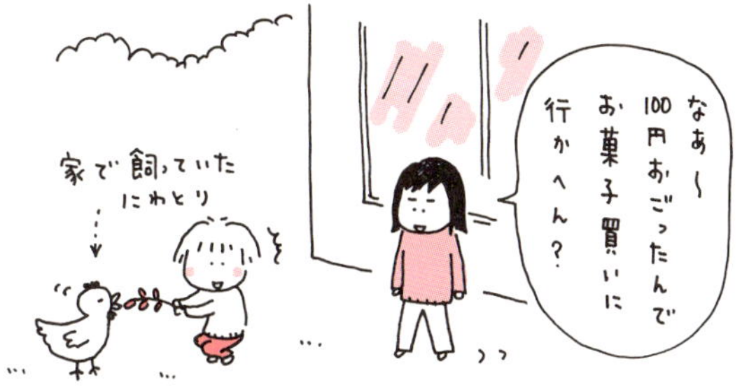

……と、姉からうれしいお誘いが。

そしてさっそく近所のお店に出掛けたのだった。

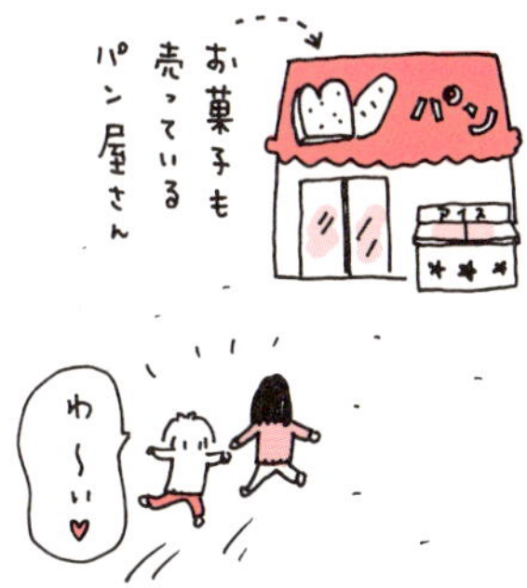

通常、私が100円でお菓子を買うときは……

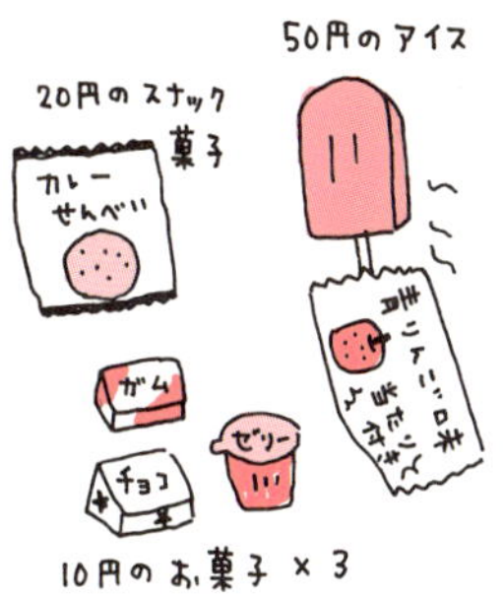

という組み合わせにすることが多いのだけど……

この日はなぜかお姉ちゃんが

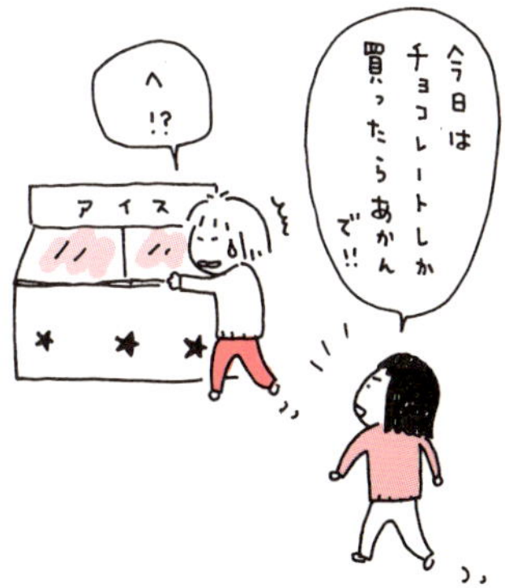

……というので仕方なくタバコの形をしたチョコレートを選んだ。

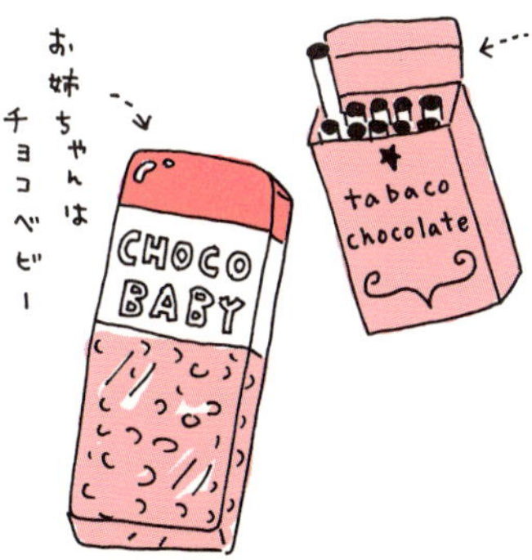

そしたらなぜかお店の人が
ハート柄の包装紙で
包んでくれた。

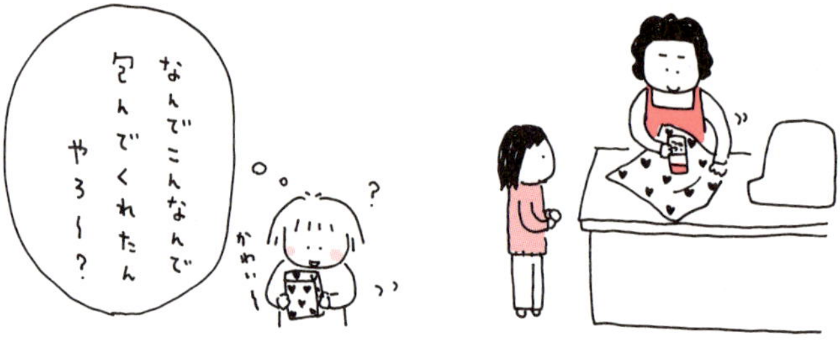

↓

そしてすぐその包装紙を
破ってチョコレートを
食べていたら……

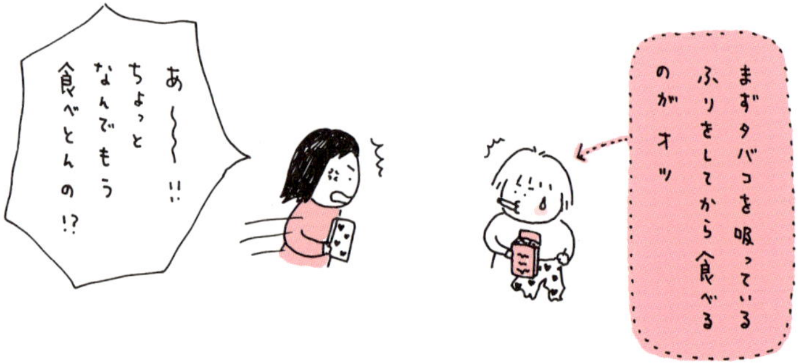

↓

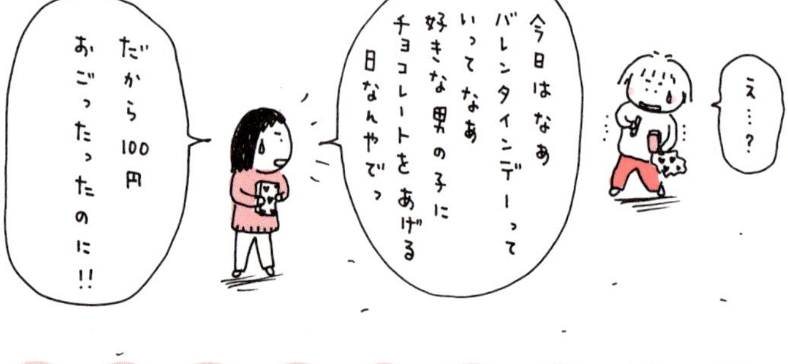

このとき私ははじめて
「バレンタインデー」という
言葉を聞いたのだった。

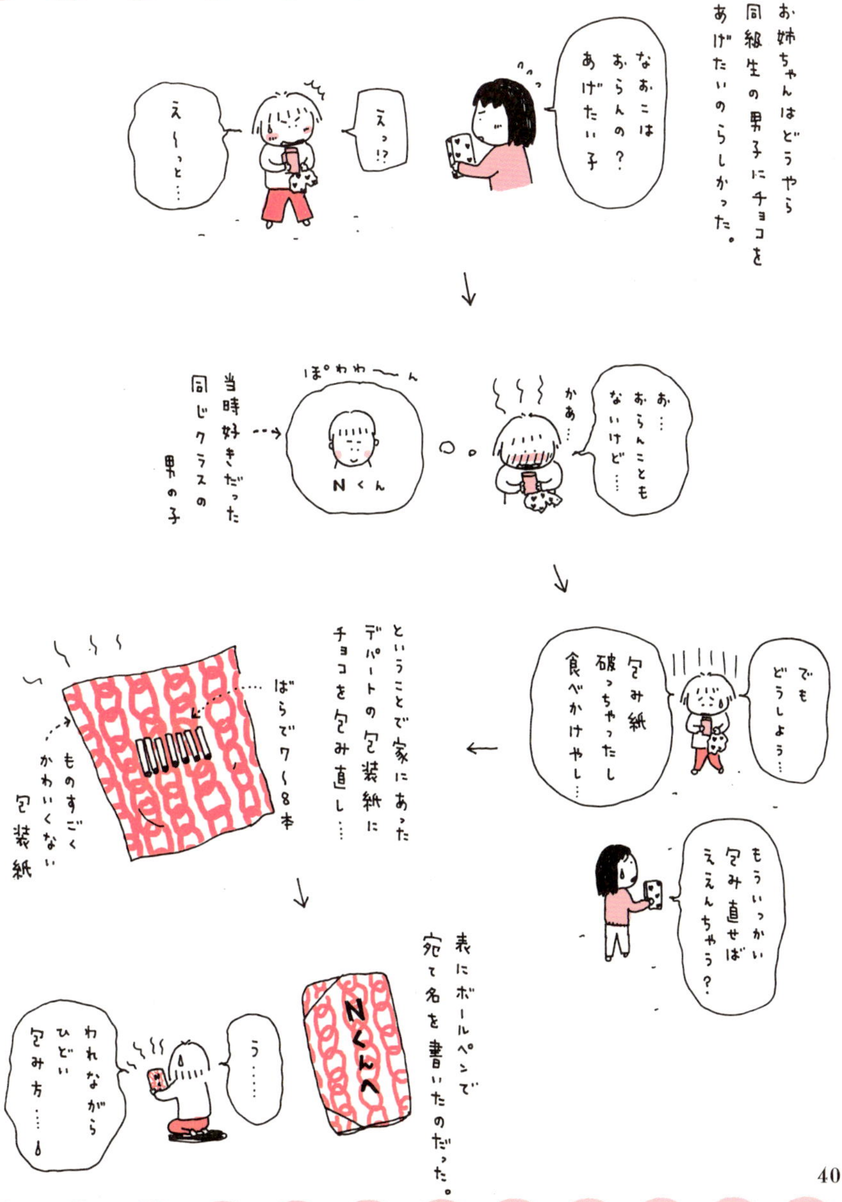
お姉ちゃんはどうやら
同級生の男子にチョコを
あげたいのらしかった。
なおこは
おらんの？
あげたい子
えっ!?
え〜っと…
お…
おらんことも
ないけど…
かあ…
ぽわわ〜〜ん
Nくん
当時好きだった
同じクラスの
男の子
でも
どうしよう…
包み紙
破っちゃったし
食べかけやし…
もういっかい
包み直せば
ええんちゃう？
ということで家にあった
デパートの包装紙に
チョコを包み直し…
ばらで7〜8本
ものすごく
かわいくない
包装紙
表にボールペンで
宛て名を書いたのだった。
Nくんへ
う……
われながら
ひどい
包み方……

そしてまずお姉ちゃんのほうのチョコを渡しに行くことに。

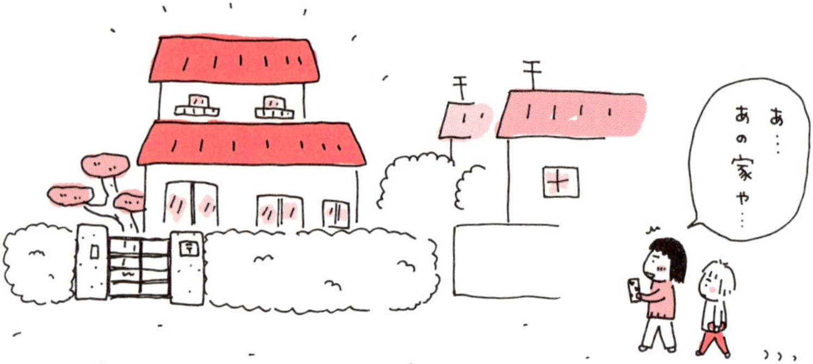

お姉ちゃんはその家の郵便受けにこそ〜っとチョコを入れに行き……

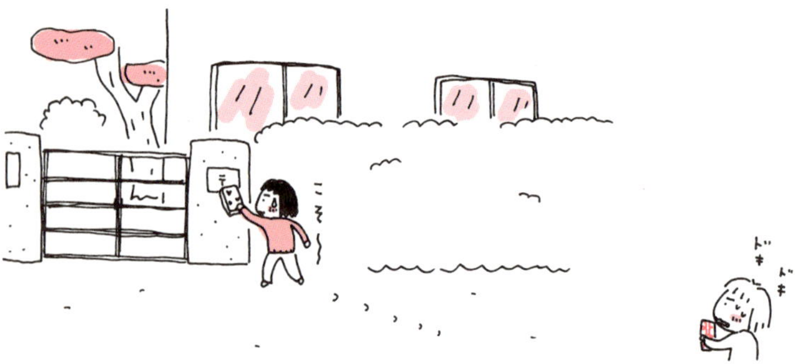

ダッシュで戻ってきた。

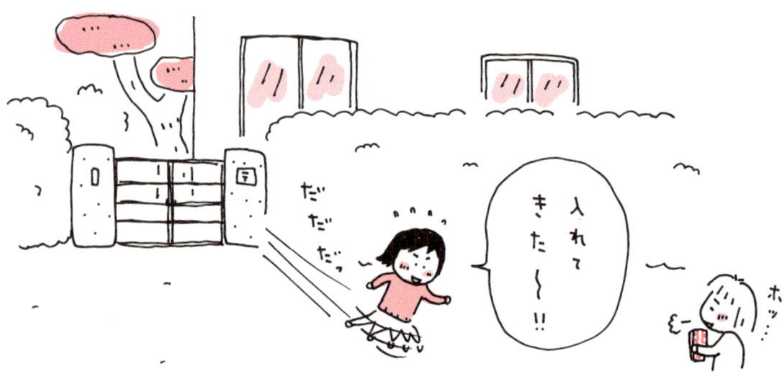

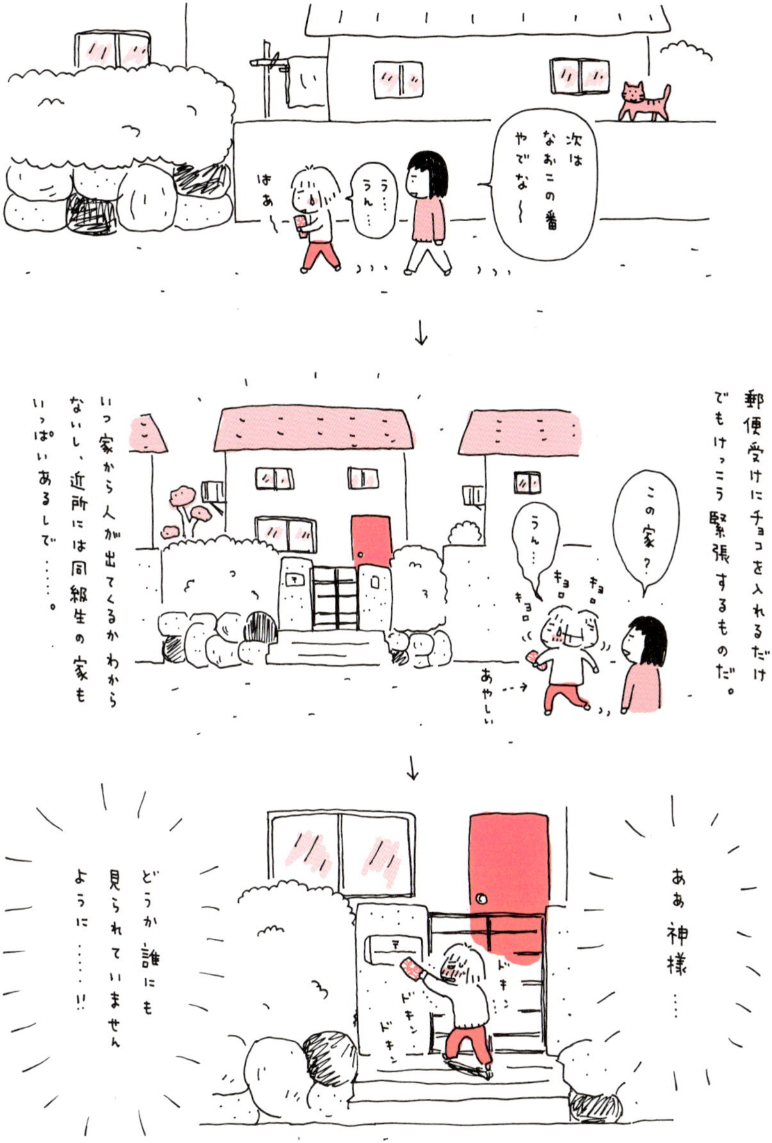
次はなおこの番やでな〜
う…うん…
はあ〜
郵便受けにチョコを入れるだけでもけっこう緊張するものだ。
この家？
うん…
キョロキョロキョロ
あやしい
いつ家から人が出てくるかわからないし、近所には同級生の家もいっぱいあるしで……。
ああ神様……
ドキンドキンドキン
どうか誰にも見られていませんように……!!

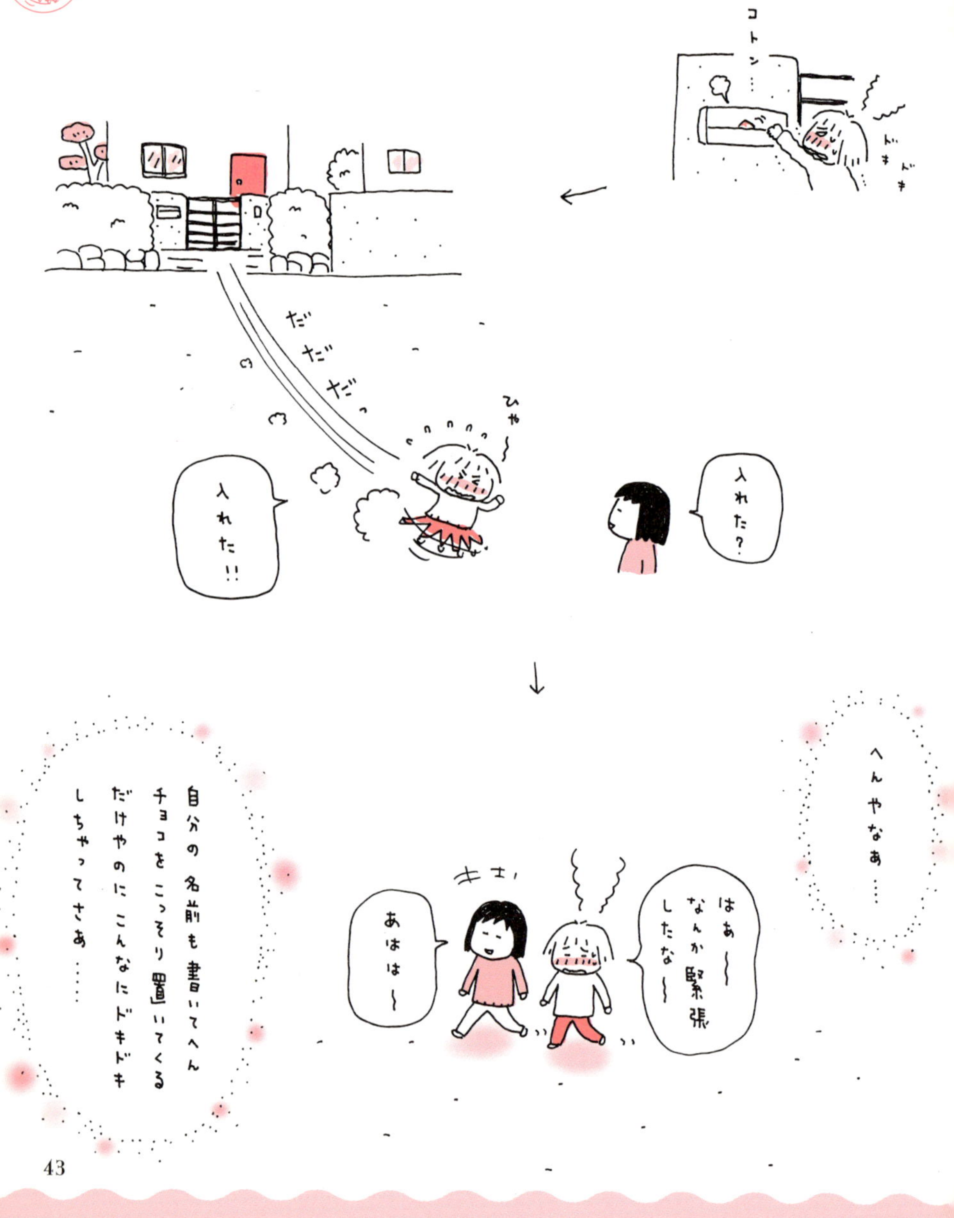
コトン…
ドキ ドキ
だだだっ
ひゃ〜
入れた？
入れた!!
へんやなあ…
はあ〜 なんか緊張したな〜
あはは〜
自分の名前も書いてへん
チョコをこっそり置いてくる
だけやのにこんなにドキドキ
しちゃってさあ……

しかも家に帰ってからも落ち着かなくて……

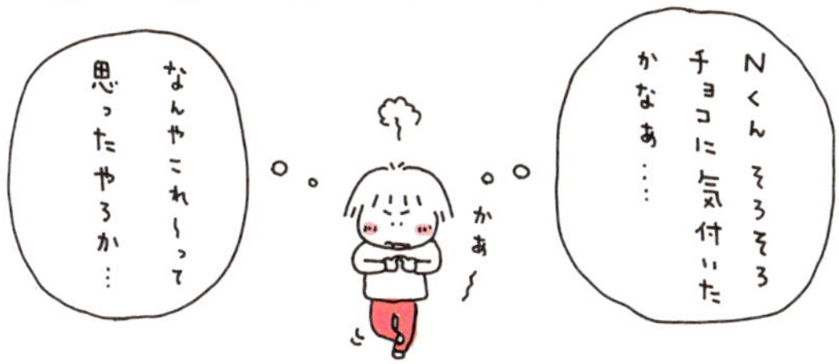

↓

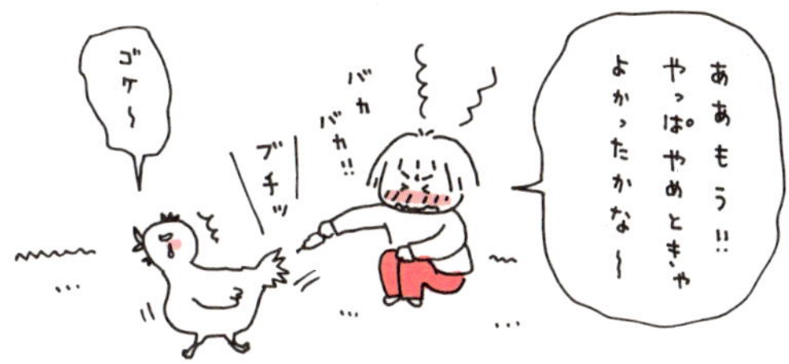

おチビながらもいっちょまえにもんもんもん……。

そのくせやっぱりだまっていることもできなくなって数日後に……

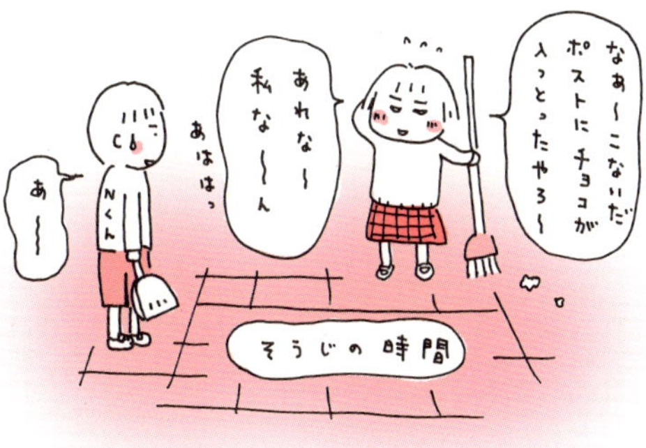

……と、あっさりばらしちゃったりもしたのでした。

おわり

その後のバレンタインデー

7歳でちょっとおませな
バレンタインデーを経験して
おきながら、その後の私は
なぜかあまりバレンタインには
縁がなく….

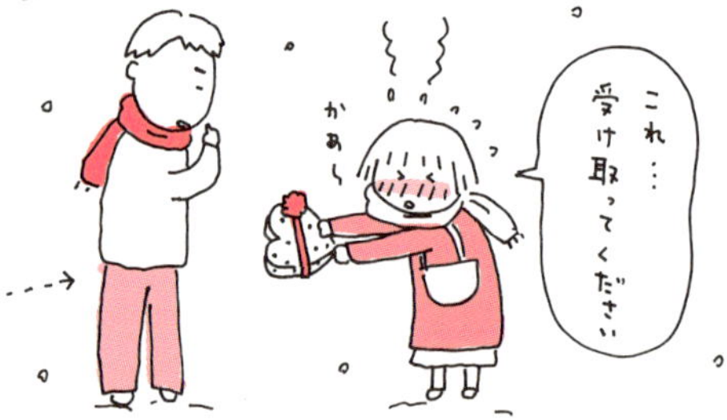

こういうのちょっぴり
あこがれたりもする
けど経験ナシ。

今までに一番ドキドキした
バレンタインデーは

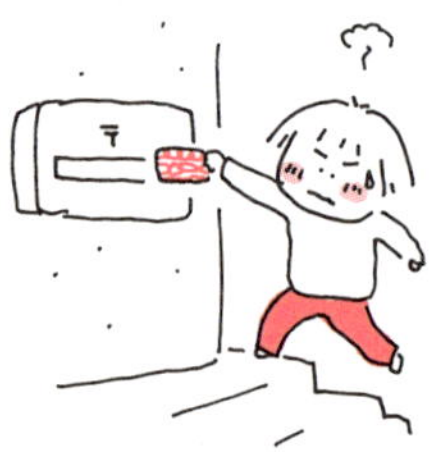

やっぱりあの日のバレンタイン
だったような気がします。

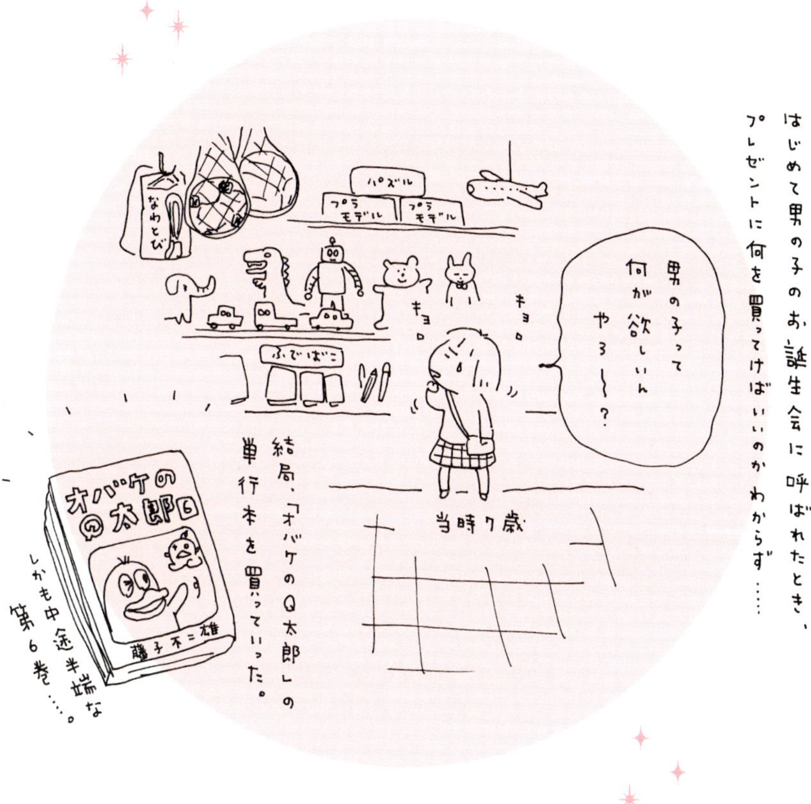
はじめて男の子のお誕生会に呼ばれたとき、
プレゼントに何を買ってけばいいのかわからず……
男の子って何が欲しいんやろ～？
キョロキョロ
パズル
プラモデル
プラモデル
なわとび
ふでばこ
当時7歳
結局、「オバケのQ太郎」の単行本を買っていった。
オバケのQ太郎6
藤子不二雄
しかも中途半端な第6巻……。

Chapter 4

はじめての回転寿司

1987年
13歳

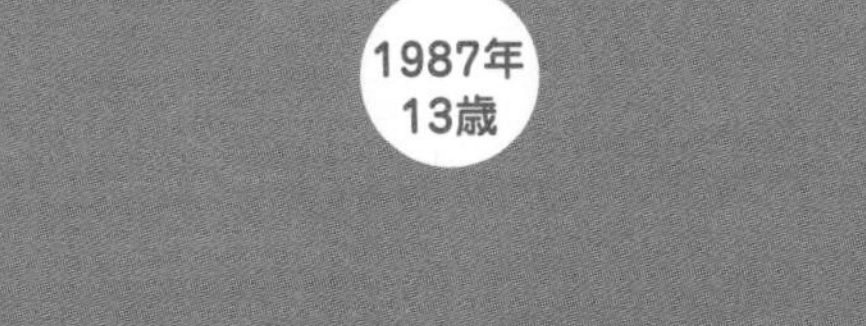

私が小学5年生くらいの頃
おらが町にはじめて
回転寿司のお店ができた。

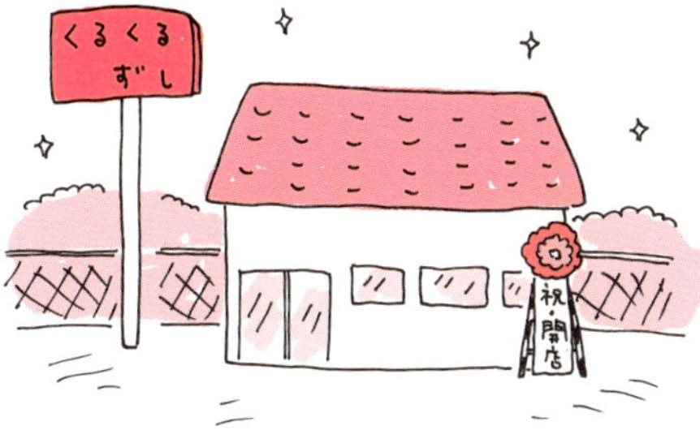

↓

私は子どもの頃から
お寿司が大好物だったのだけど
うちで言う「お寿司」とは
お父さんがビールのおつまみ
としてスーパーで買ってくるやつ
のことだったので……

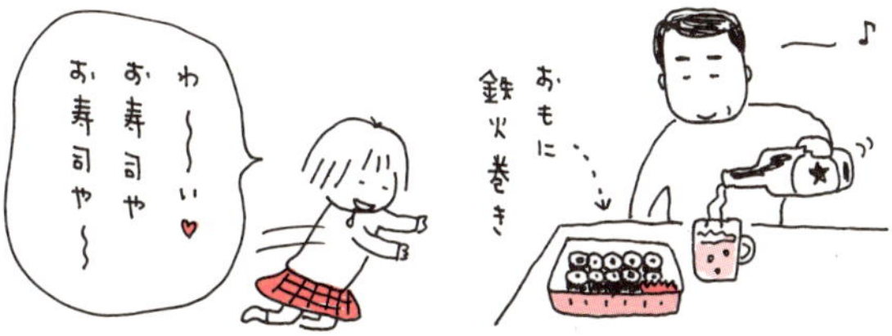

↓

回転寿司屋のことは
特に気にもとめず……

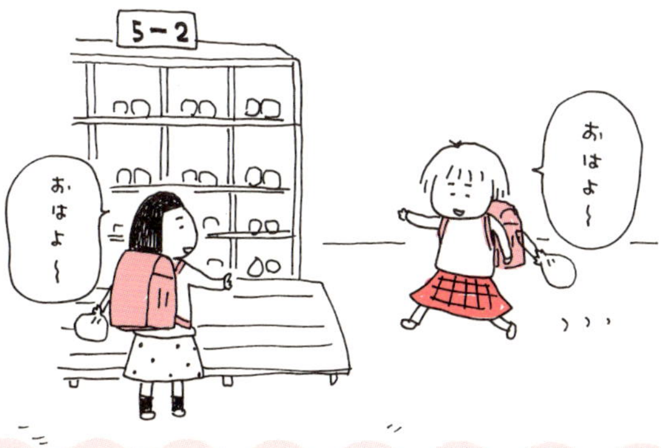

日々を過ごしておりました。

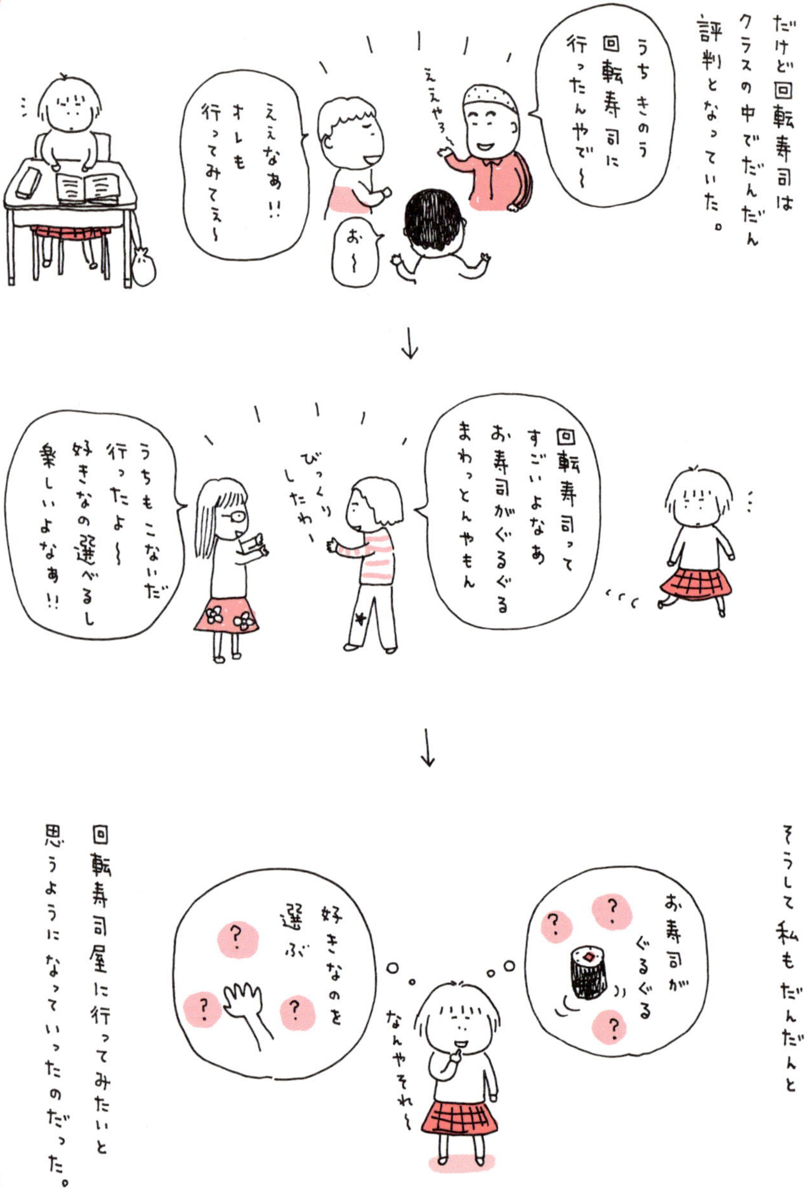
だけど回転寿司は
クラスの中でだんだん
評判となっていた。
うち きのう 回転寿司に 行ったんやで〜
ええやろ〜
ええなあ!! オレも 行ってみてぇ〜
お〜
回転寿司って すごいよなあ お寿司がぐるぐる まわっとんやもん
びっくりしたわ〜
うちもこないだ 行ったよ〜 好きなの選べるし 楽しいよなあ!!
そうして私もだんだんと
お寿司が ぐるぐる
なんやそれ〜
好きなのを 選ぶ
回転寿司屋に行ってみたいと
思うようになっていったのだった。

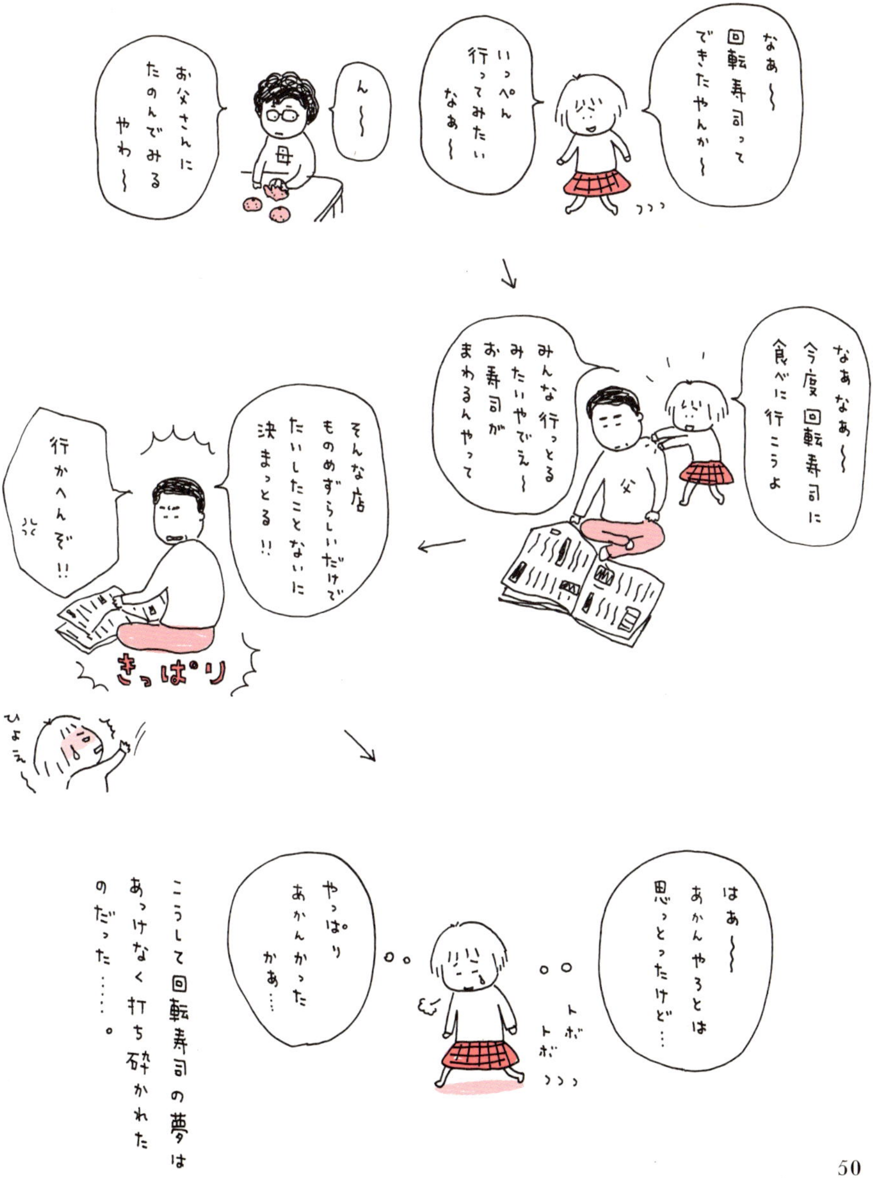
なあ〜 回転寿司って できたやんか〜
いっぺん 行ってみたい なあ〜
ん〜〜
母
お父さんに たのんでみる やわ〜
なあなあ〜 今度 回転寿司に 食べに 行こうよ
みんな 行っとる みたいやでぇ〜 お寿司が まわるんやって
父
そんな店 ものめずらしいだけで たいしたことないに 決まっとる!!
行かへんぞ!!
きっぱり
ひょえ〜
はあ〜〜 あかんやろとは 思っとったけど…
トボ トボ
やっぱり あかんかった かあ…
こうして回転寿司の夢は あっけなく打ち砕かれた のだった……。

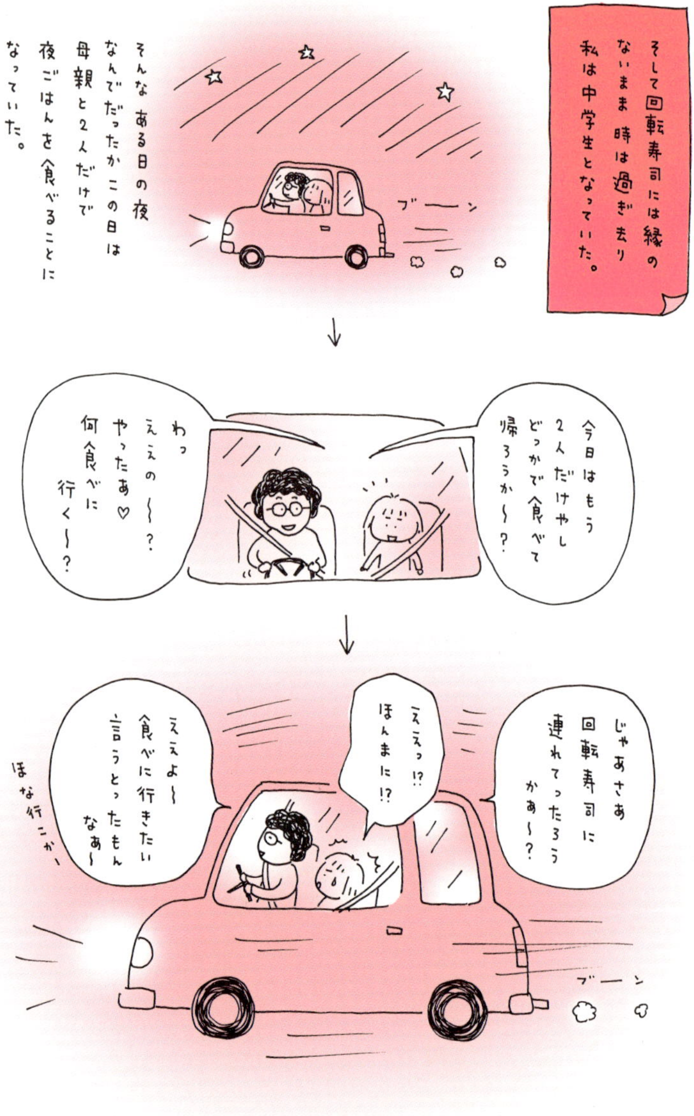
そして回転寿司には縁のないまま 時は過ぎ去り 私は中学生となっていた。
そんなある日の夜 なんでだったかこの日は 母親と2人だけで 夜ごはんを食べることに なっていた。
ブーン
今日はもう 2人だけやし どっかで食べて 帰ろうか〜？
わっ ええの〜？ やったあ♡ 何食べに 行く〜？
じゃあさあ 回転寿司に 連れてったろう かあ〜？
ええっ!? ほんまに!?
ええよ〜 食べに行きたい 言うとったもん なあ〜
ほな行こか、
ブーン

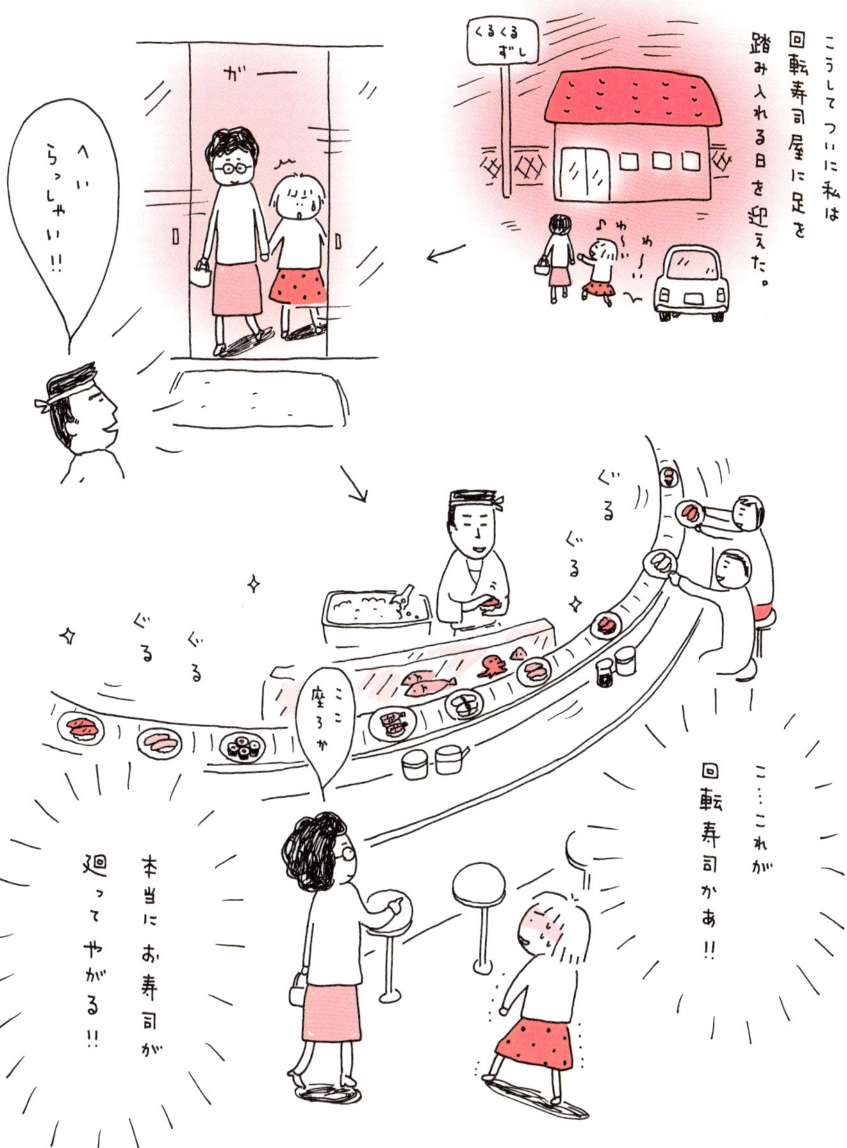

こうしてついに私は
回転寿司屋に足を
踏み入れる日を迎えた。
くるくるずし
わ～い
わ～い!!
ガー
へいらっしゃい!!
ぐる
ぐる
ぐる
ぐる
ここ座ろか
こ…これが
回転寿司かあ!!
本当にお寿司が
廻ってやがる!!

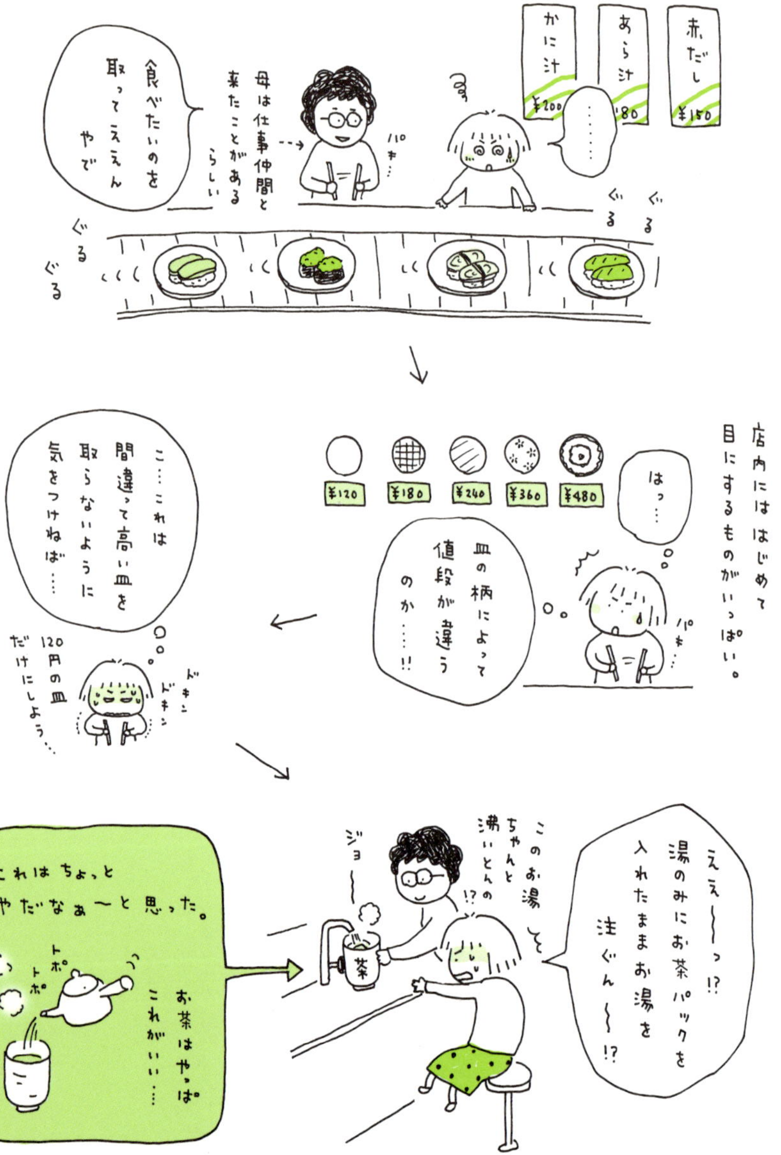
赤だし ¥150
あら汁 ¥180
かに汁 ¥200
……
パキ…
母は仕事仲間と来たことがあるらしい
食べたいのを取ってええんやで
ぐるぐる
ぐるぐる
店内にははじめて目にするものがいっぱい。
はっ……
パキ…
¥120
¥180
¥240
¥360
¥480
皿の柄によって値段が違うのか……!!
こ…これは間違って高い皿を取らないように気をつけねば….
ドキンドキン
120円の皿だけにしよう…
ええ〜〜っ!? 湯のみにお茶パックを入れたままお湯を注ぐん〜〜!?
このお湯ちゃんと沸いとんの!?
ジョ〜〜
茶
これはちょっとやだなぁ〜と思った。
トポトポ
お茶はやっぱこれがいい…

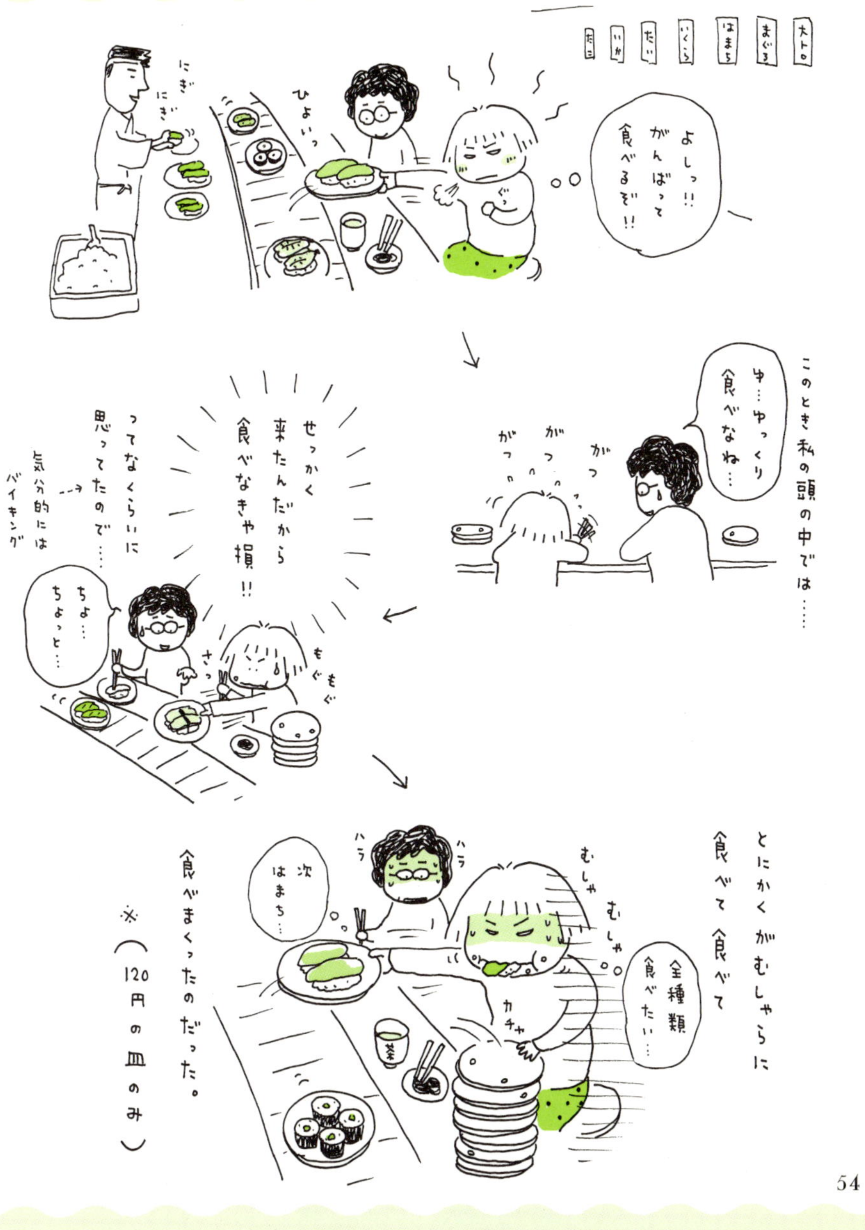

大トロ
まぐろ
はまち
いくら
たい
いか
たこ
よしっ!! がんばって 食べるぞ!!
にぎ にぎ
ひょいっ
ぐっ
このとき私の頭の中では……
ゆ…ゆっくり 食べなね…
がつ がつ がつ
せっかく 来たんだから 食べなきゃ損!!
ってなくらいに 思ってたので……
気分的には バイキング
ちょ… ちょっと…
さっ
もぐ もぐ
とにかくがむしゃらに 食べて食べて
全種類 食べたい…
次 はまち…
ハラ ハラ
むしゃ むしゃ
カチャ
茶
食べまくったのだった。
※(120円の皿のみ)

だけどさすがにそろそろ
おなかがいっぱい……。

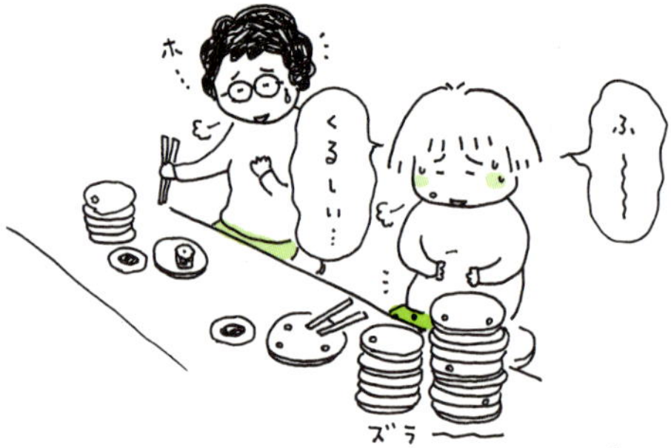

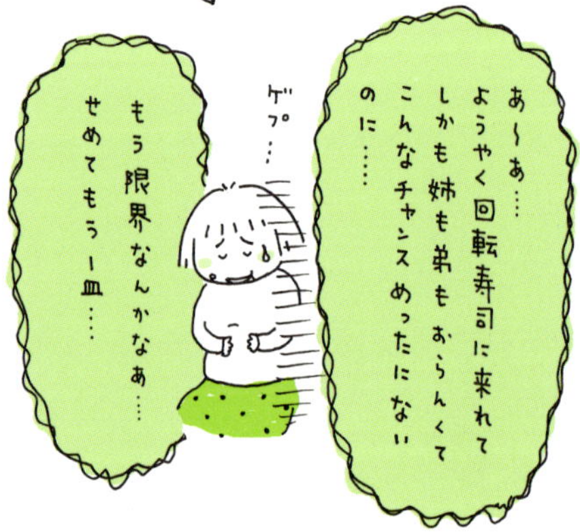

…と思ったそのとき、目の前を
ジュースがのった皿が横切った。

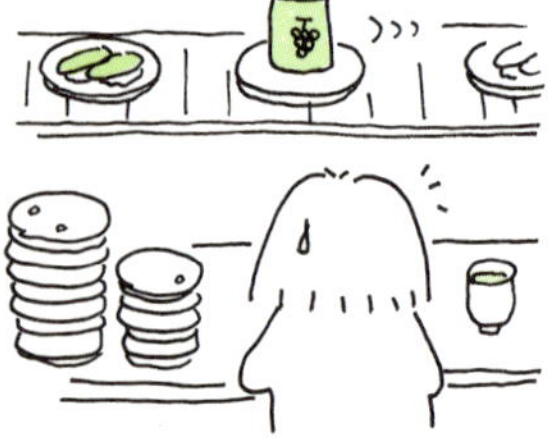

「まだジュースくらいなら飲める
かも…」と思ってその皿を
取ったら……

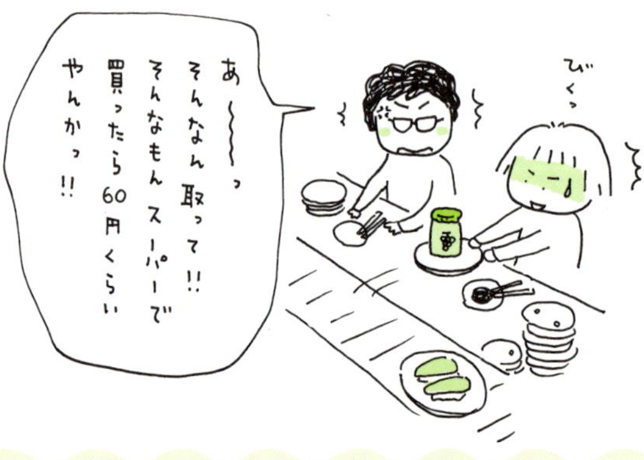

…と、母に怒られる。

しかもどうやらそのジュースはずいぶん長いこと廻っていたらしくなまぬるかった。

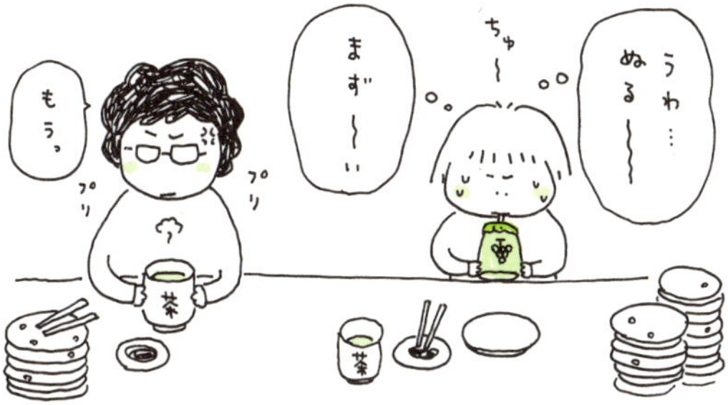

でも怒っている母の手前残すわけにもいかず無理して飲み干した。

だけどおなかいっぱいのところにそんなぬるいジュースを飲んだら急に気分が悪くなってきた。

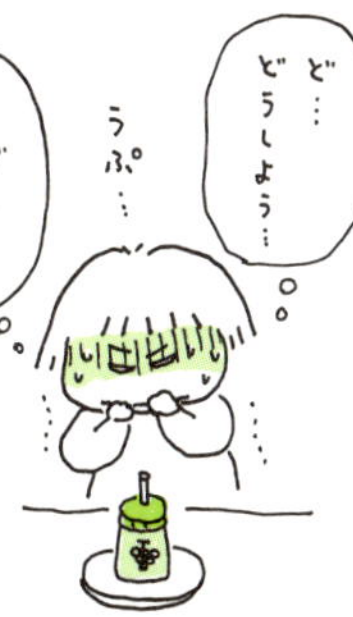

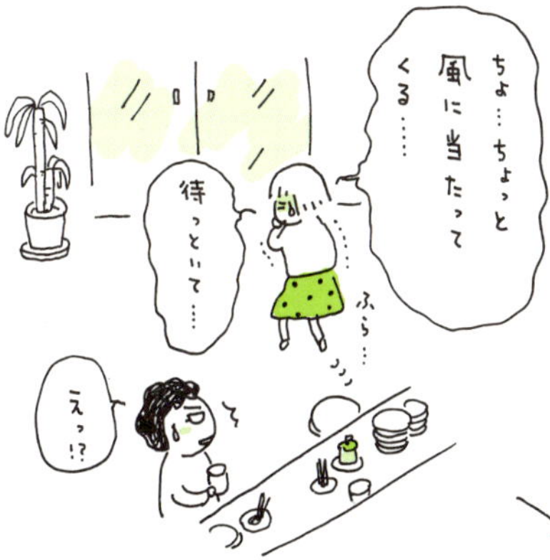

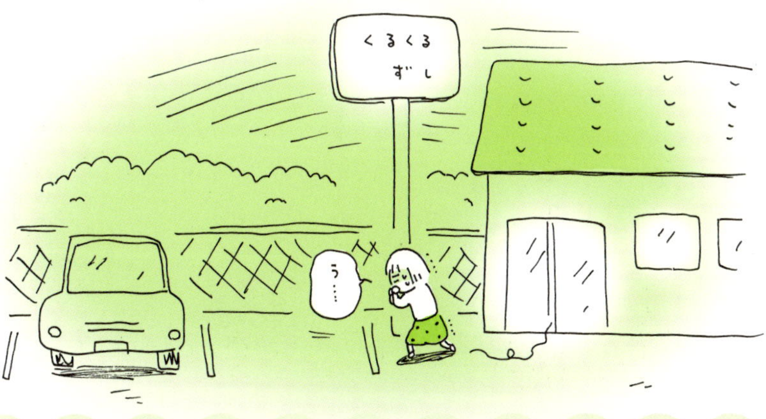

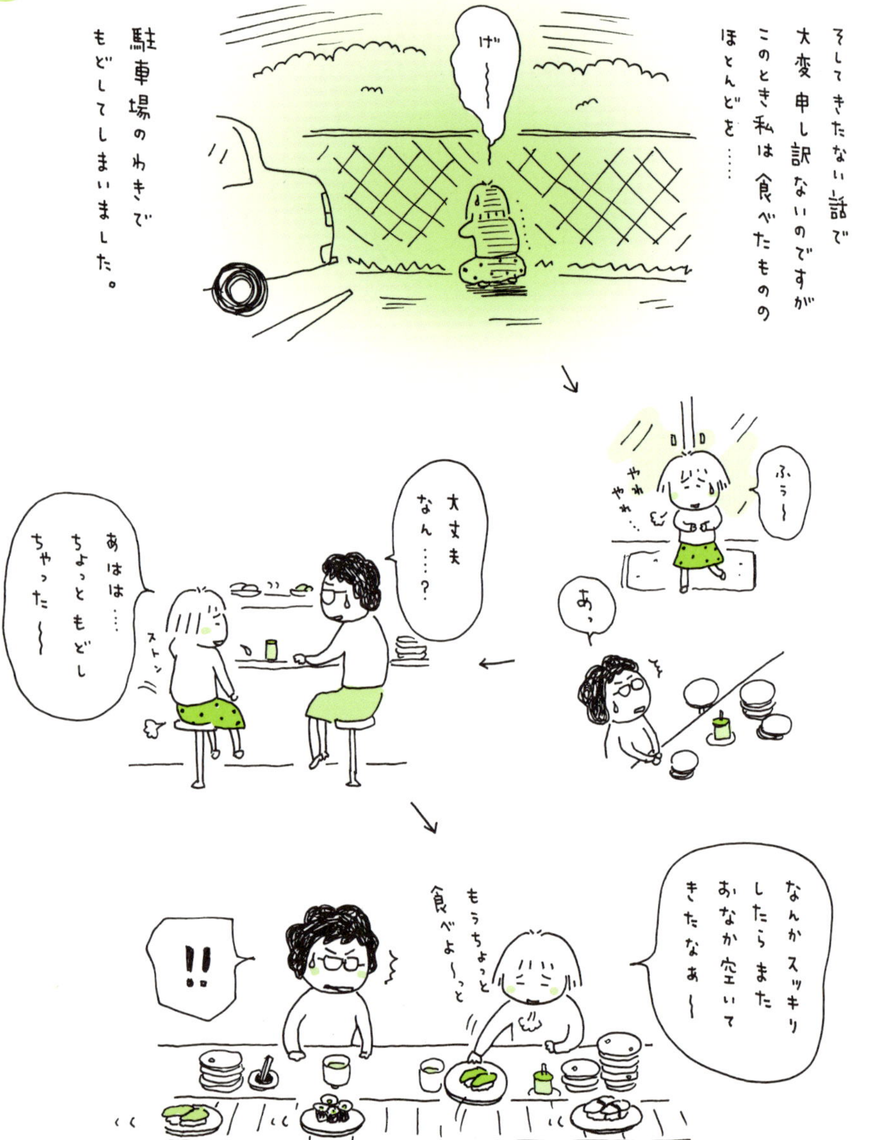
そしてきたない話で
大変申し訳ないのですが
このとき私は食べたものの
ほとんどを……
げ〜〜
駐車場のわきで
もどしてしまいました。
ふぅ〜
やれやれ…
あっ
大丈夫なん……？
あはは……
ちょっともどし
ちゃった〜
ストン
なんかスッキリ
したらまた
おなか空いて
きたなあ〜
もうちょっと
食べよ〜っと
!!

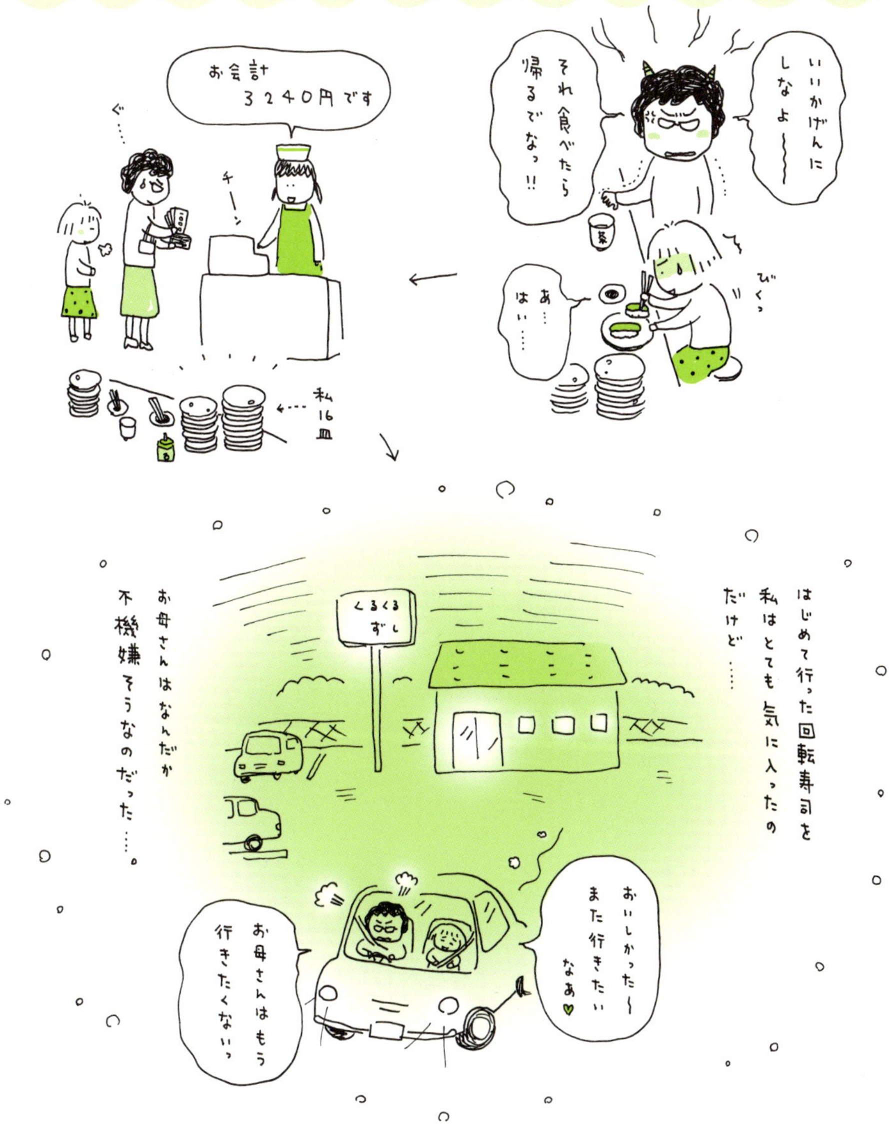
いいかげんにしなよ〜〜〜
それ食べたら帰るでなっ!!
茶
びくっ
あ…はい……
お会計 3240円です
チーン
ぐ……
私16皿
くるくるずし
はじめて行った回転寿司を私はとても気に入ったのだけど……
お母さんはなんだか不機嫌そうなのだった……。
おいしかった〜また行きたいなあ♡
お母さんはもう行きたくないっ

おわり

その後の回転寿司

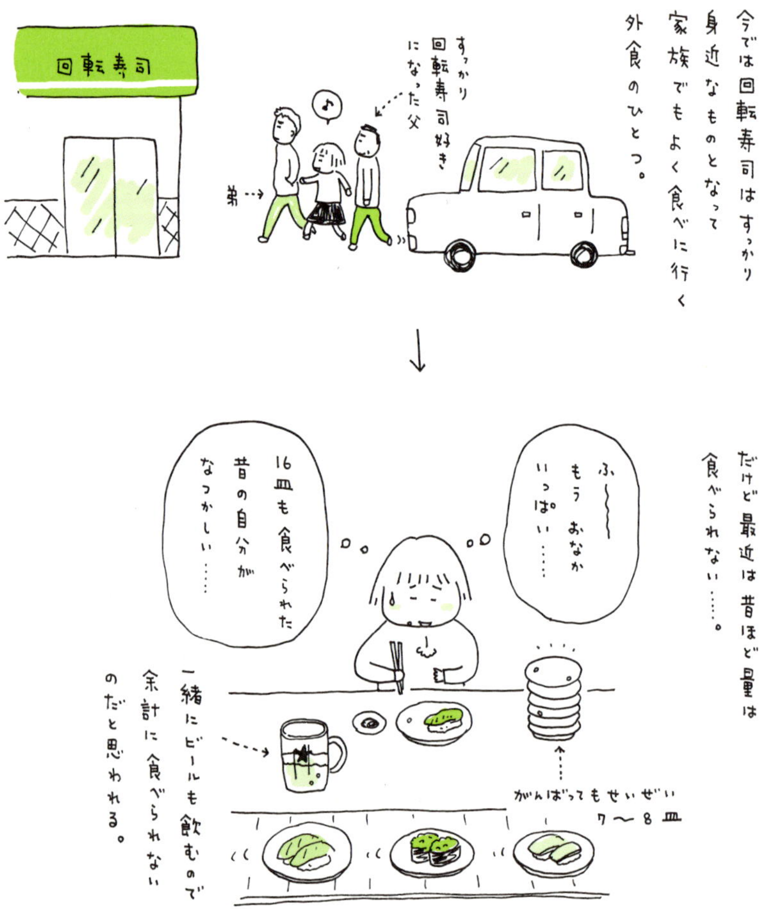
今では回転寿司はすっかり
身近なものとなって
家族でもよく食べに行く
外食のひとつ。
すっかり回転寿司好きになった父
回転寿司
弟
だけど最近は昔ほど量は
食べられない……。
ふ〜〜〜
もう おなか
いっぱい……
16皿も食べられた
昔の自分が
なつかしい……
がんばってもせいぜい
7〜8皿
一緒にビールも飲むので
余計に食べられない
のだと思われる。

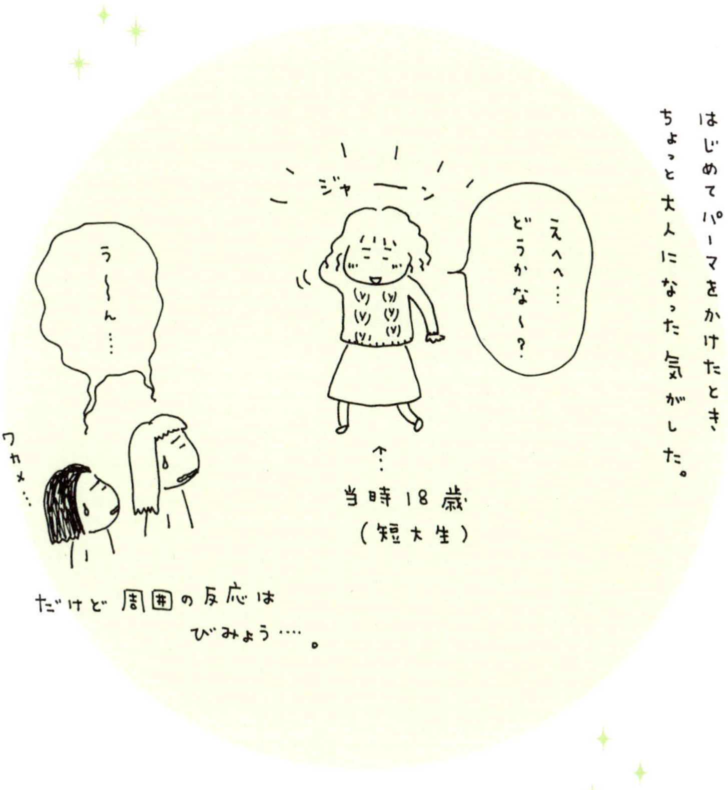
はじめてパーマをかけたとき
ちょっと大人になった気がした。
ジャーン
えへへ…
どうかなー?
↑
当時18歳
(短大生)
うーん…
ワカメ…
だけど周囲の反応は
びみょう….。

Chapter 5

はじめてのマンガ投稿

1990年
16歳

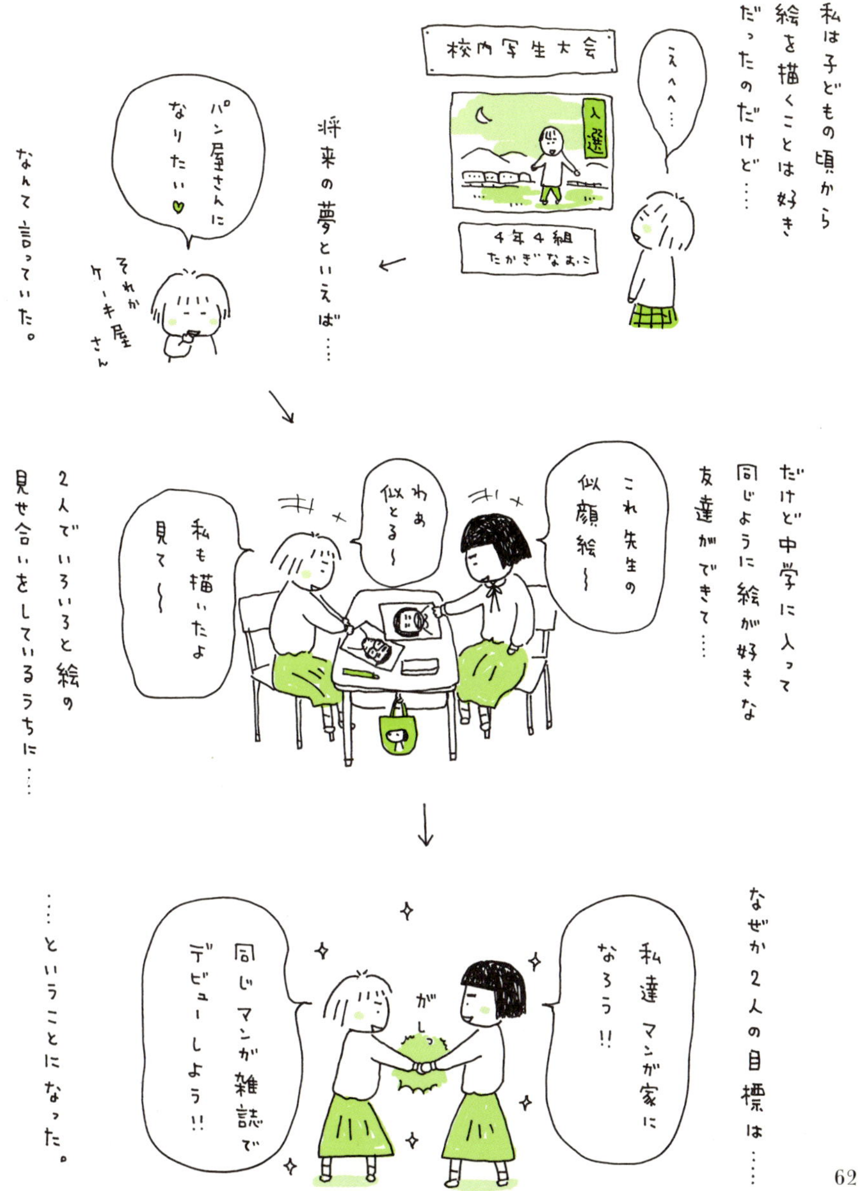
私は子どもの頃から
絵を描くことは好き
だったのだけど……
えへへ…
校内写生大会
入選
4年4組
たかぎなおこ
将来の夢といえば……
パン屋さんに
なりたい♥
それかケーキ屋さん
なんて言っていた。
だけど中学に入って
同じように絵が好きな
友達ができて……
これ先生の
似顔絵～
わぁ
似とる～
私も描いたよ
見て～
2人でいろいろと絵の
見せ合いをしているうちに……
なぜか2人の目標は……
私達マンガ家に
なろう!!
がしっ
同じマンガ雑誌で
デビューしよう!!
……ということになった。

そしてそれからは2人のマンガ家を目指す日々が始まった。

お互いの絵を見せ合うための交換絵日記を始めたり……

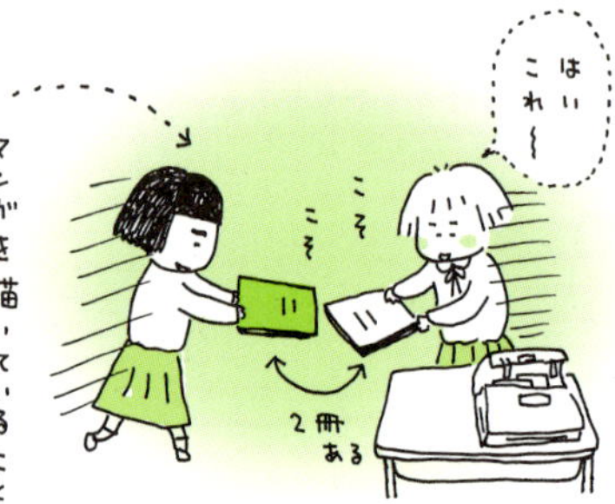

マンガを描いていることを他の人に知られるのが妙に恥ずかしかったためやたらこそこそしている。

どこの雑誌にデビューするか真剣に話し合ったり……

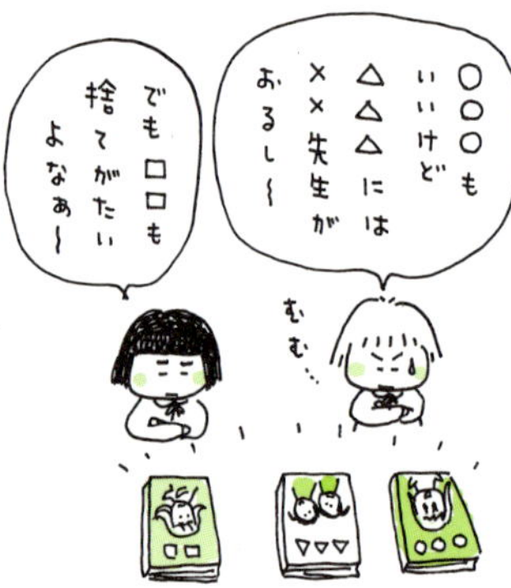

ペンネームやサインを考えたり……

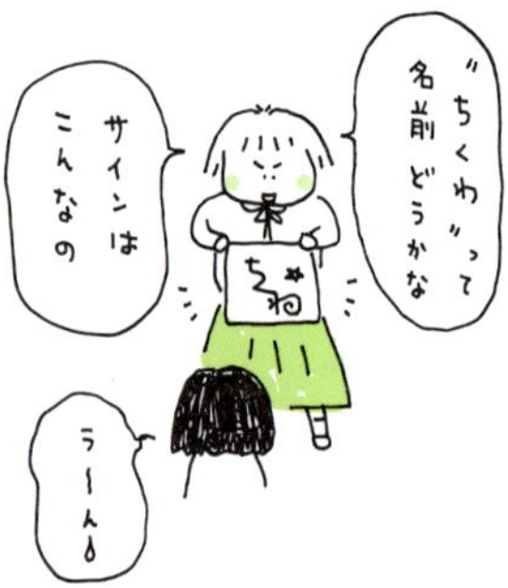

2人で画材を買いに行ったり……

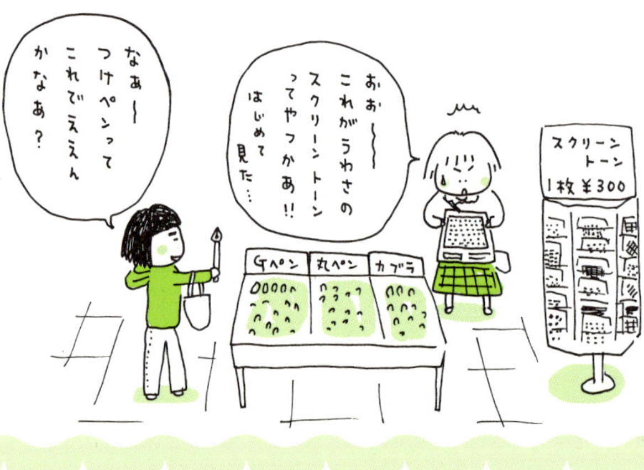

そんなことがなんだかものすごく楽しい日々……。

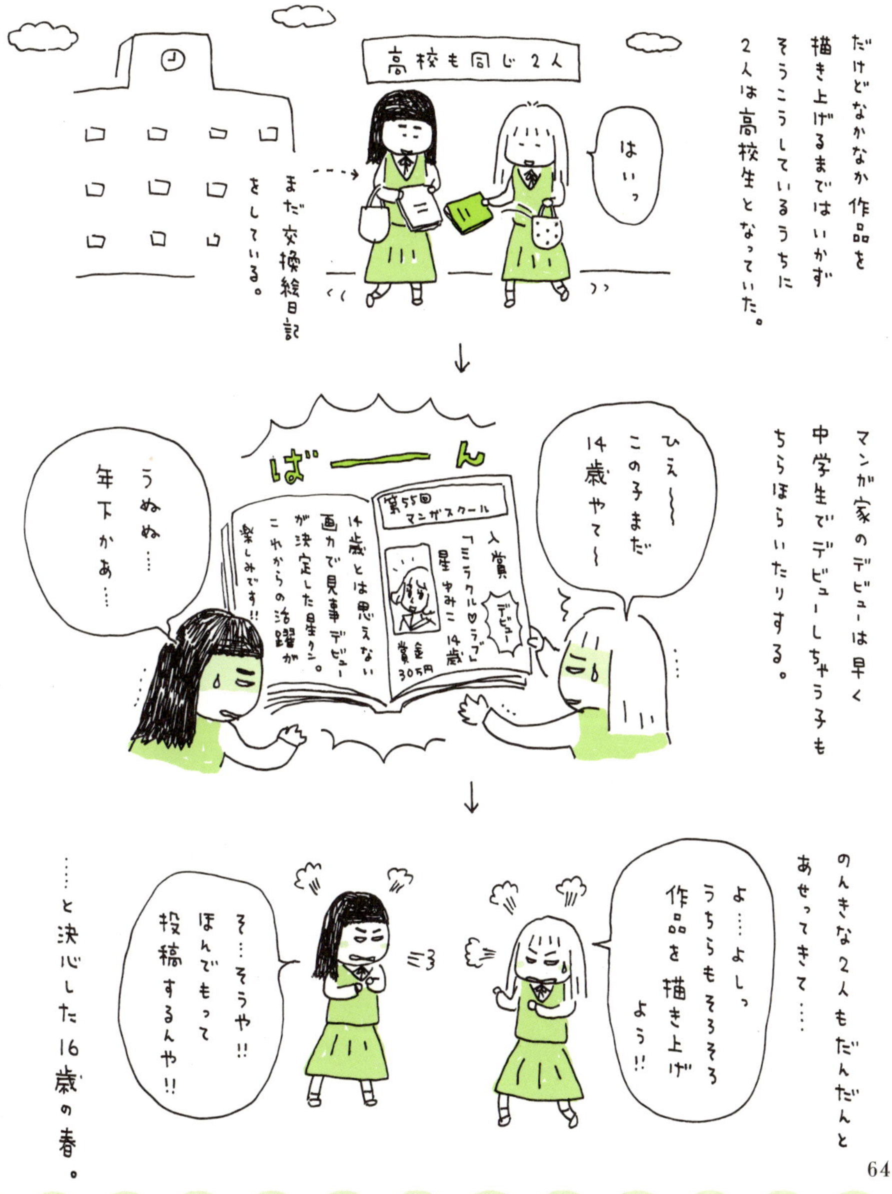
だけどなかなか作品を
描き上げるまではいかず
そうこうしているうちに
2人は高校生となっていた。
高校も同じ2人
はいっ
まだ交換絵日記をしている。
マンガ家のデビューは早く
中学生でデビューしちゃう子も
ちらほらいたりする。
ひえ〜〜
この子まだ
14歳やて〜
ばーーん
第55回
マンガスクール
入賞
「ミラクル♡ラブ」
星ゆみこ
14歳
デビュー
賞金
30万円
14歳とは思えない
画力で見事デビュー
が決定した星クン。
これからの活躍が
楽しみです!!
うぬぬ……
年下かあ……
のんきな2人もだんだんと
あせってきて……
よ…よしっ
うちらもそろそろ
作品を描き上げ
よう!!
そ…そうや!!
ほんでもって
投稿するんや!!
……と決心した16歳の春。

そんな2人が投稿することに決めたのは純・少女マンガ誌。

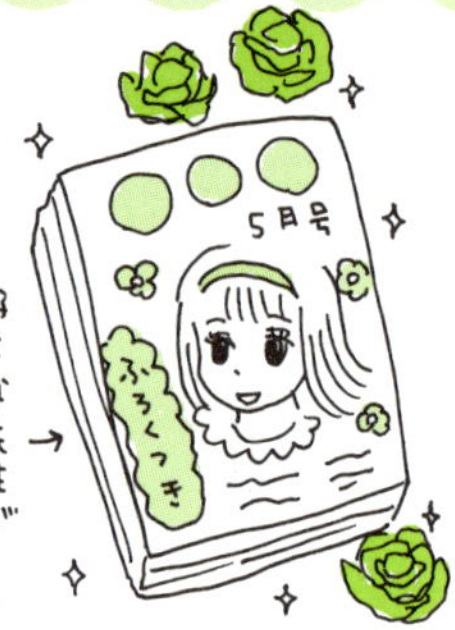

そのくせ私は……

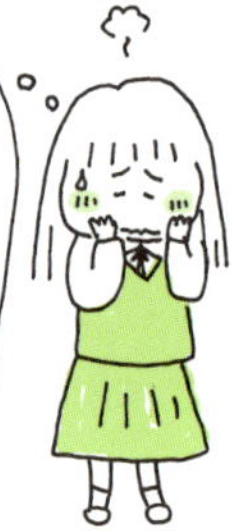

などと思っていたため……

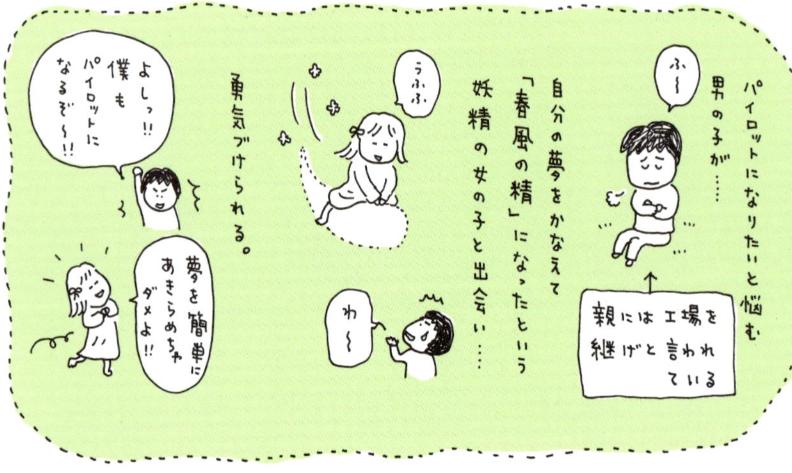

……という、今考えると下手な恋愛マンガよりずっと恥ずかしいストーリーを考えた。

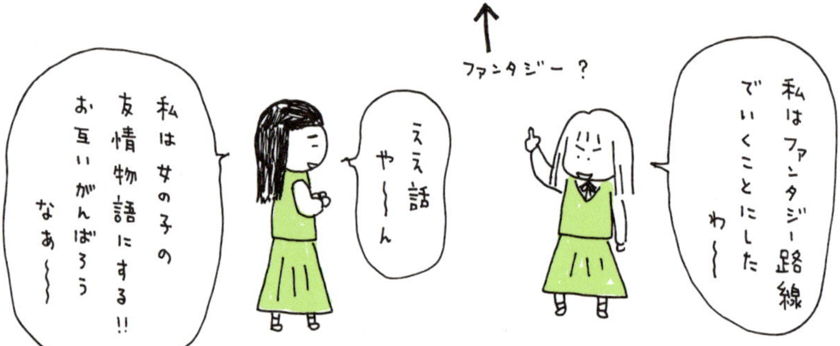

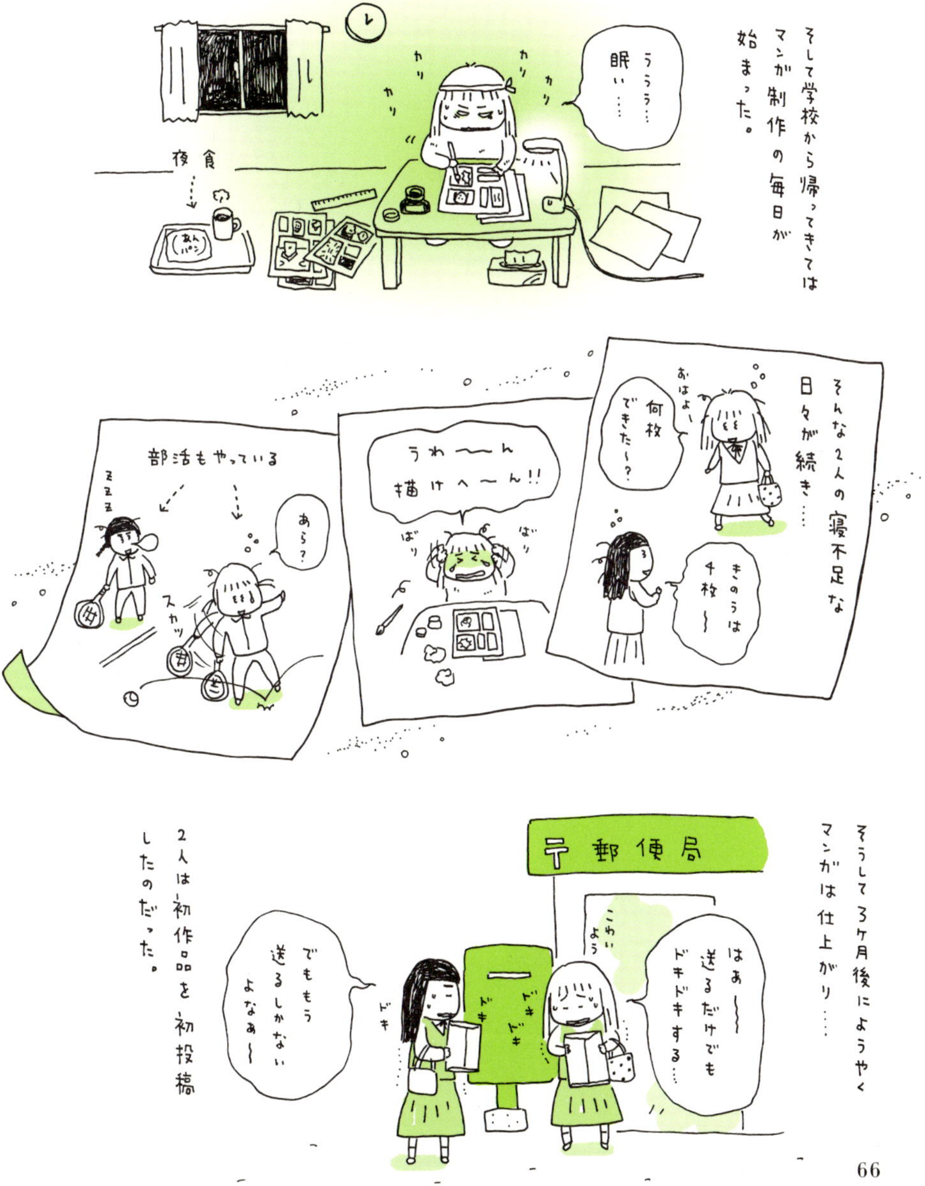
そして学校から帰ってきてはマンガ制作の毎日が始まった。
ううう…眠い……
カリ カリ カリ カリ
夜食
あんパン
そんな2人の寝不足な日々が続き……
おはよ〜
何枚できた〜?
きのうは4枚〜
うわ〜〜ん 描けへ〜ん!!
ばり ばり
部活もやっている
zzz
あら?
スカッ
そうして3ケ月後にようやくマンガは仕上がり……
〒郵便局
はぁ〜 送るだけでもドキドキする……
こわいよう
ドキドキ
ドキドキ
でももう送るしかないよなぁ〜
2人は初作品を初投稿したのだった。

だけど投稿してから結果が出るまでは2ケ月以上もかかり、その間2人の緊張の日々は続く……。

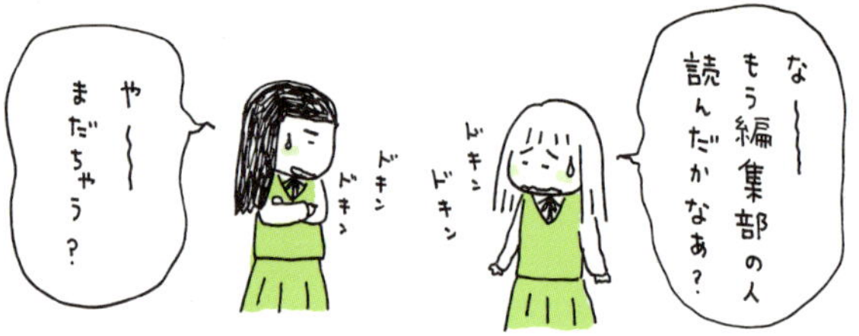

投稿したマンガ誌では結果はざっとこんな感じで振り分けられる。

選外			入賞			
Cクラス	Bクラス	Aクラス	もうひと息賞	努力賞	佳作	大賞

ここが最下位 → Cクラス

→ デビューの可能性あり（努力賞以上）

なんせ初投稿なので自分たちのレベルがどのくらいなのかまったくわからないのだ。

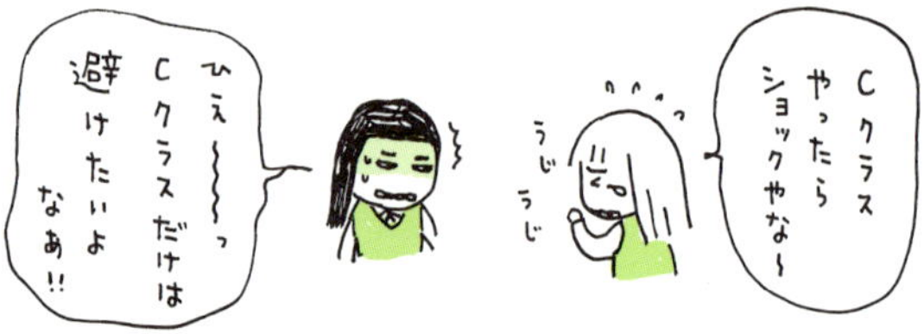

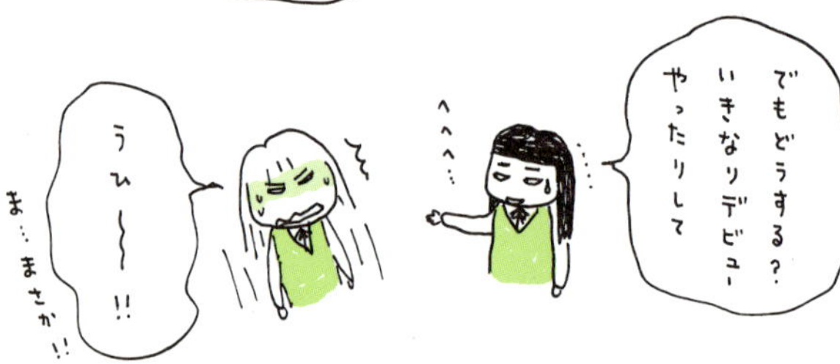

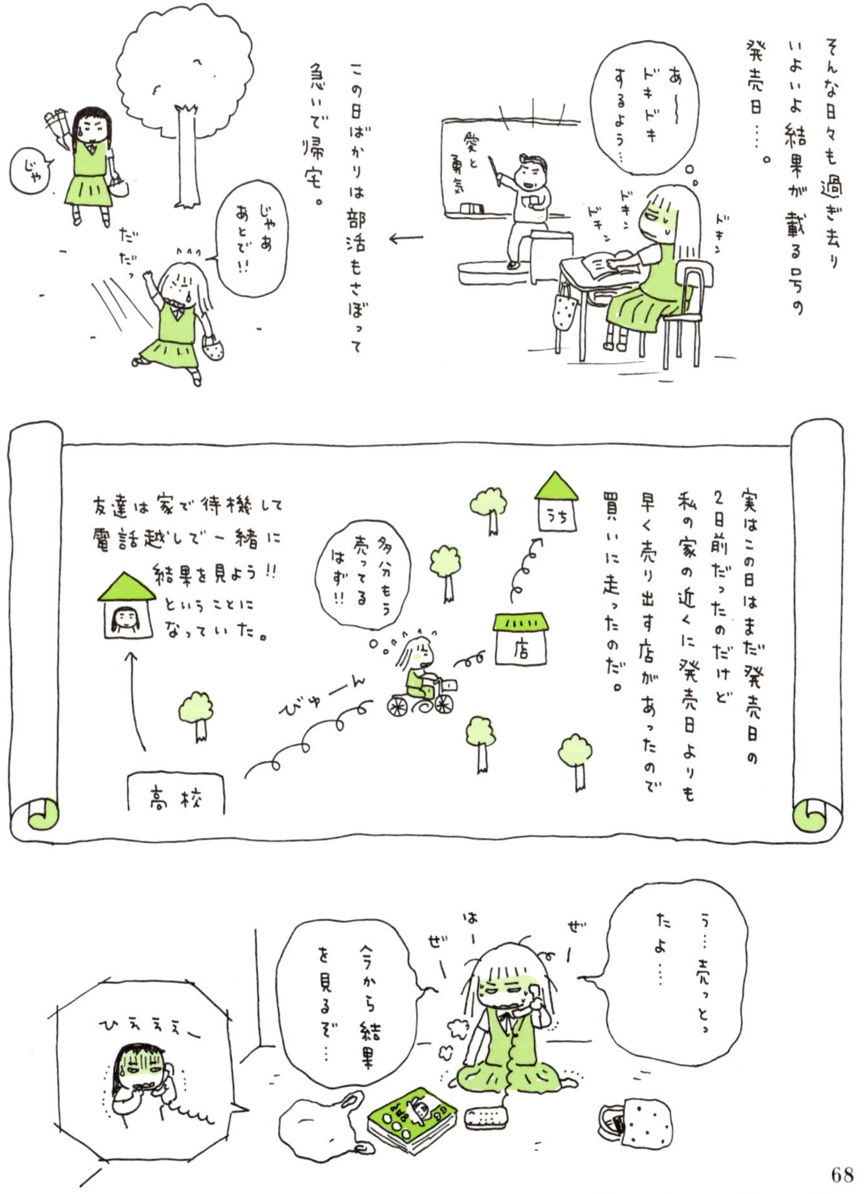
そんな日々も過ぎ去り
いよいよ結果が載る号の
発売日……。
あ〜 ドキドキするよう…
愛と勇気
ドキン
ドキン
ドキン
この日ばかりは部活もさぼって
急いで帰宅。
じゃあ あとで!!
じゃ
だだっ
実はこの日はまだ発売日の
2日前だったのだけど
私の家の近くに発売日よりも
早く売り出す店があったので
買いに走ったのだ。
うち
店
多分もう売ってるはず!!
びゅーん
高校
友達は家で待機して
電話越しで一緒に
結果を見よう!!
ということに
なっていた。
う…売っとったよ…
ぜー
ぜー
はー
今から結果を見るぞ…
ひえええ〜

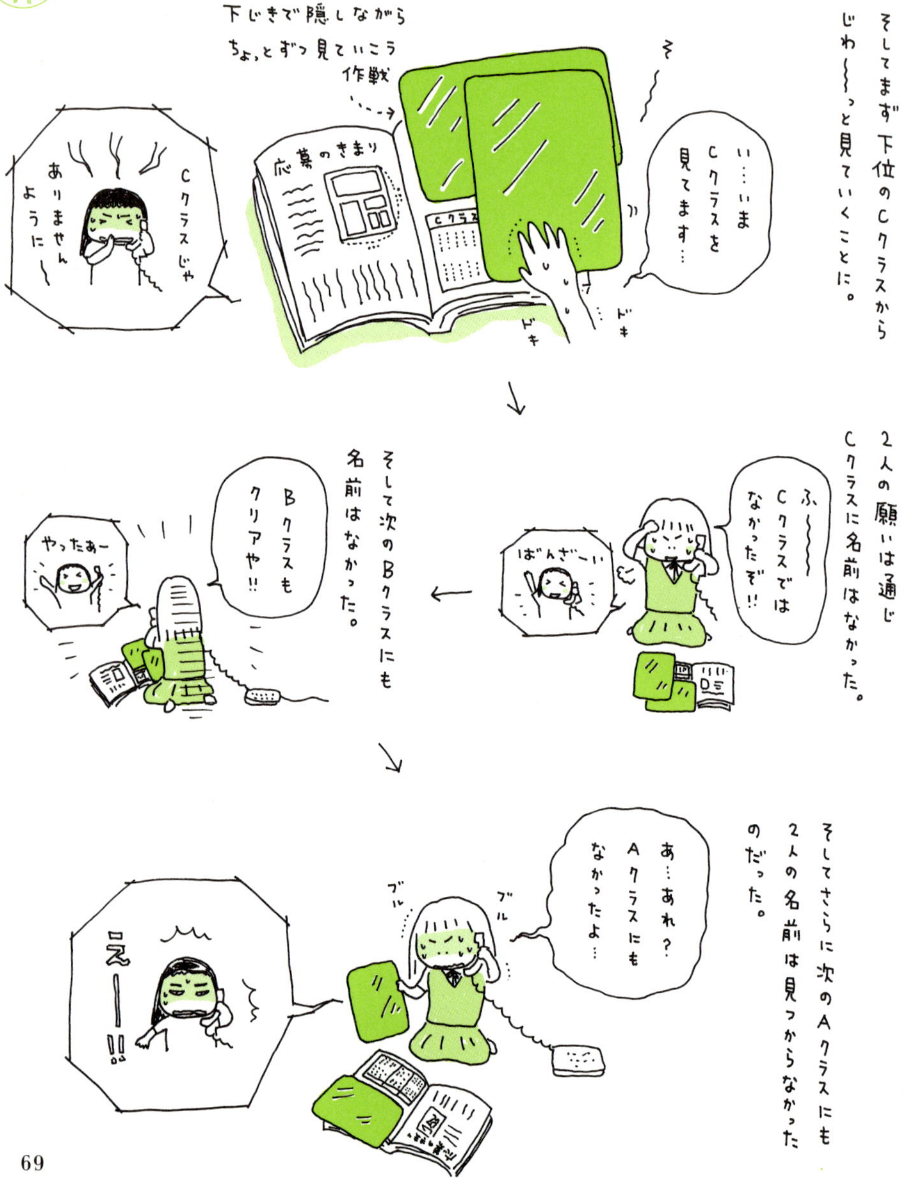
そしてまず下位のCクラスから
じわ〜〜っと見ていくことに。
そ〜
い…いま
Cクラスを
見てます…
ドキ ドキ
下じきで隠しながら
ちょっとずつ見ていこう作戦
応募のきまり
Cクラス
Cクラスじゃ
ありません
ように〜
2人の願いは通じ
Cクラスに名前はなかった。
ふ〜〜〜
Cクラスでは
なかったぞ!!
ばんざ〜い
そして次のBクラスにも
名前はなかった。
Bクラスも
クリアや!!
やったあー
そしてさらに次のAクラスにも
2人の名前は見つからなかった
のだった。
あ…あれ?
Aクラスにも
なかったよ…
ブル
ブル
え——!!

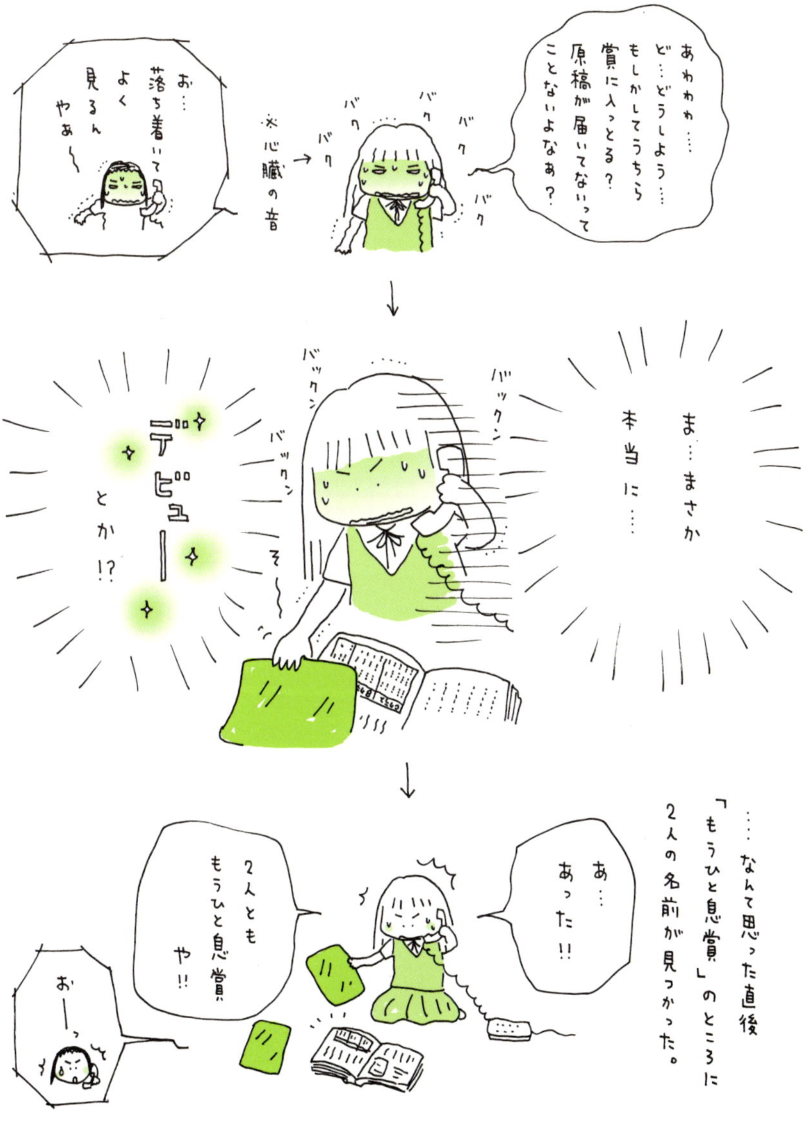

あわわわ…
ど…どうしよう…
もしかしてうちら
賞に入っとる？
原稿が届いてないって
ことないよなぁ？
バク バク バク バク バク
※心臓の音
お…
落ち着いて
よく
見るん
やぁ～
ま…まさか
本当に…
バックン バックン バックン
デビュー
とか!?
ぞ～
…なんて思った直後
「もうひと息賞」のところに
2人の名前が見つかった。
あ…
あった!!
2人とも
もうひと息賞
や!!
おーっ

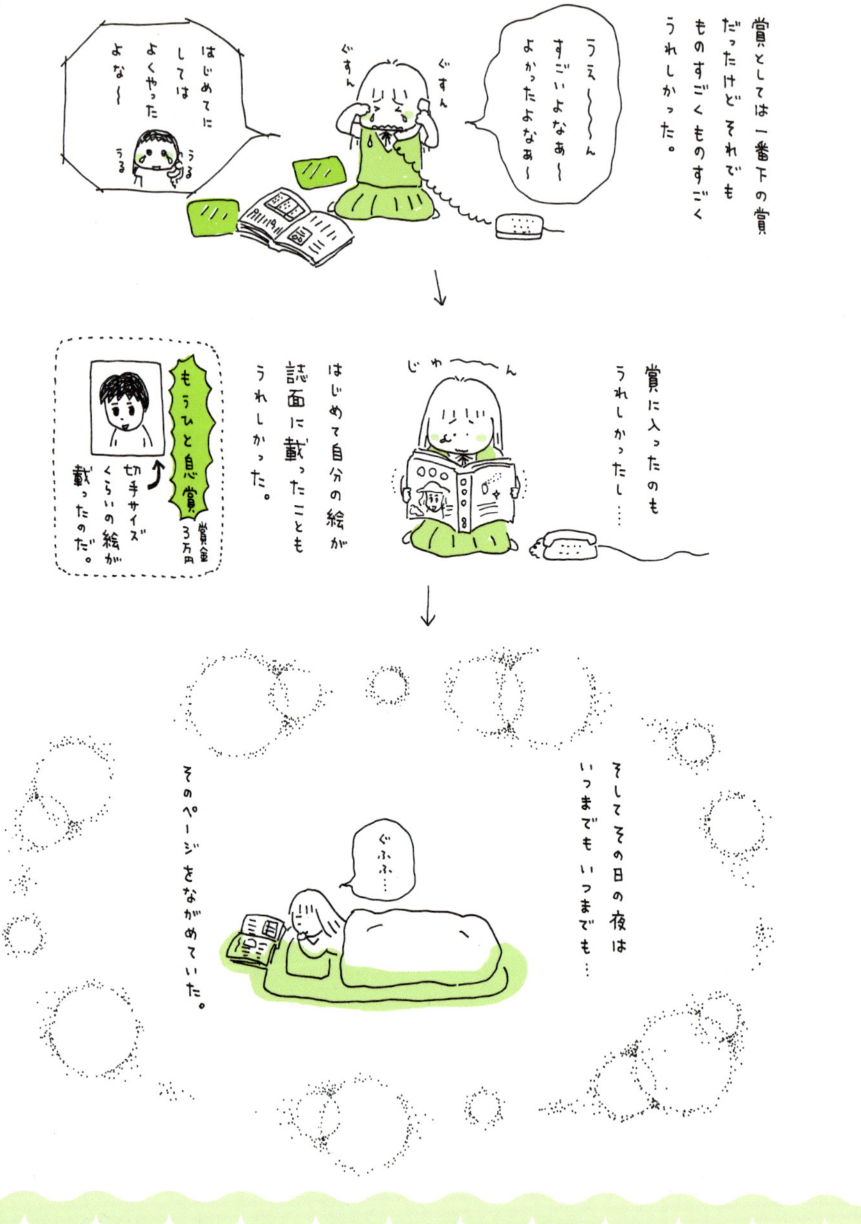
賞としては一番下の賞
だったけど それでも
ものすごくものすごく
うれしかった。
うえ〜〜〜ん
すごいよなあ〜
よかったよなあ〜
ぐすん
ぐすん
はじめてにしてはよくやったよな〜
うるうる
賞に入ったのも
うれしかったし……
じゃ〜〜〜ん
はじめて自分の絵が
誌面に載ったことも
うれしかった。
もうひと息賞
賞金3万円
切手サイズくらいの絵が載ったのだ。
そしてその日の夜は
いつまでもいつまでも…
ぐふふ…
そのページをながめていた。

こうしていただいた賞金3万円でまた新たに画材を買い……

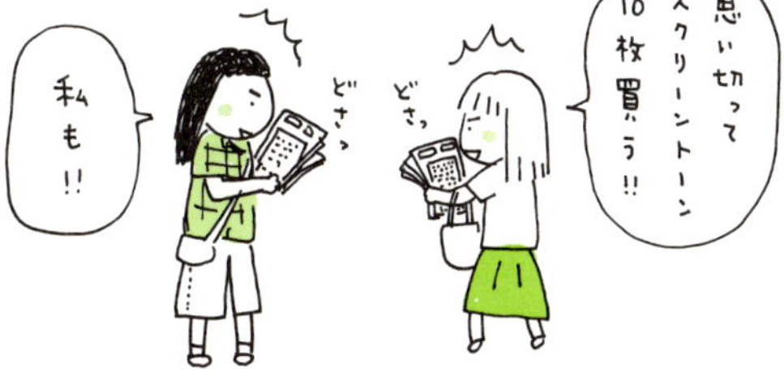

次なる投稿に燃える2人。

↓

そして4ケ月後に再び投稿してみたけれど……

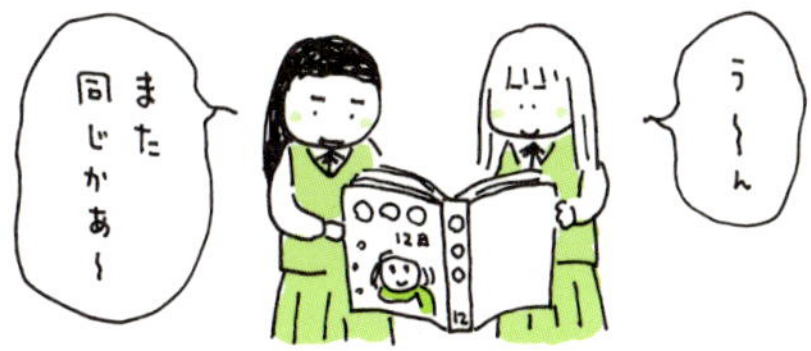

また2人とも「もうひと息賞」だった。

↓

だけど2連続「もうひと息賞」をもらったところでなぜか2人の投稿熱は冷めてしまい……

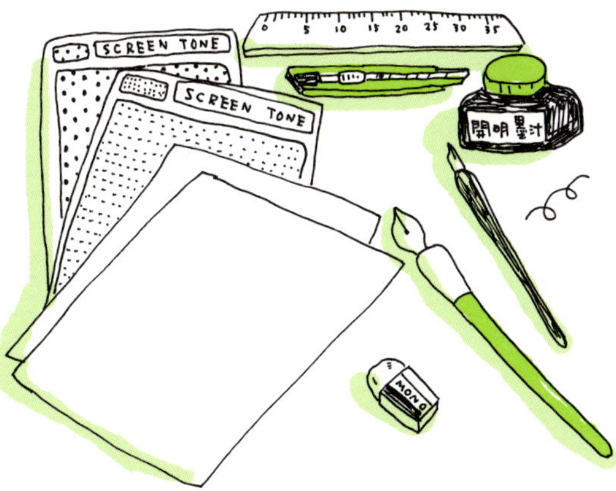

2人の投稿生活はここで終わりをとげたのだった。

おわり

その後のマンガ投稿

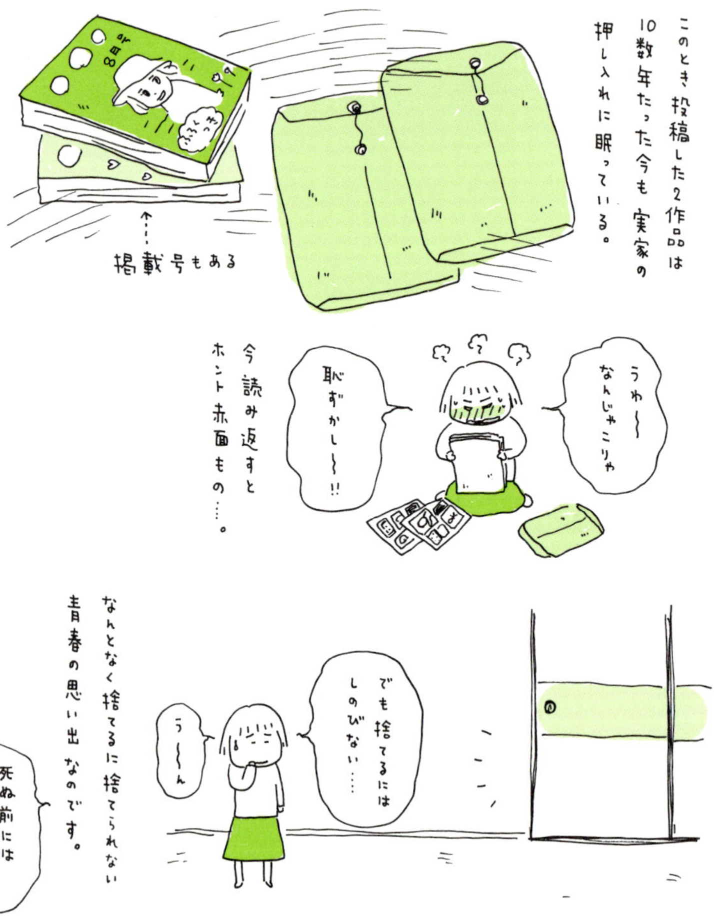
このとき投稿した2作品は10数年たった今も実家の押し入れに眠っている。
掲載号もある
うわ〜なんじゃこりゃ
恥ずかし〜!!
今読み返すとホント赤面もの…。
でも捨てるにはしのびない…
う〜ん
なんとなく捨てるに捨てられない青春の思い出なのです。
死ぬ前には捨てたい…

はじめてカニのお刺し身を食べたとき……

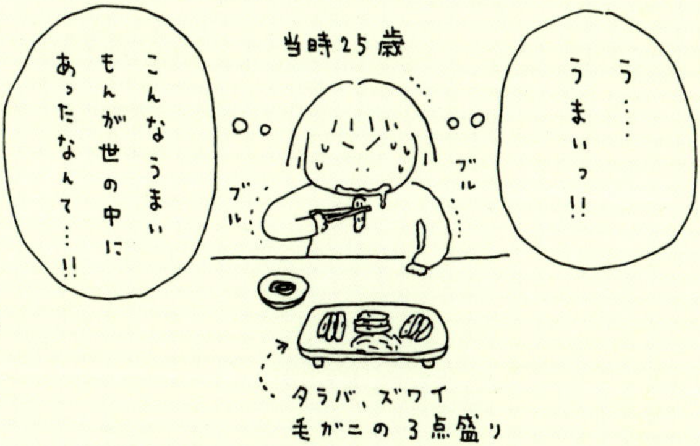

……と思った。

Chapter 6

はじめてのまいご

1978年
4歳

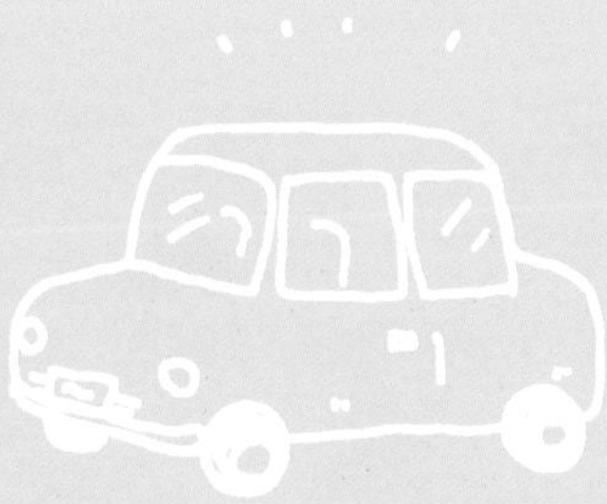

ある寒い冬の日、母と姉と私の3人でバスに乗って駅前まで買い物に行きました。

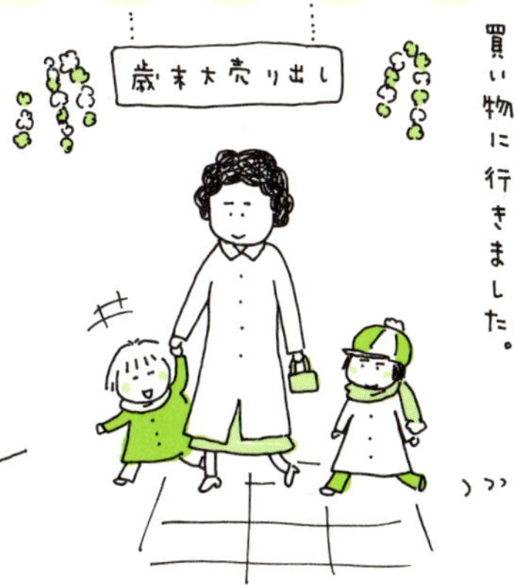

ところがふと気付いたらお姉ちゃんが見当たらなくなっていて……

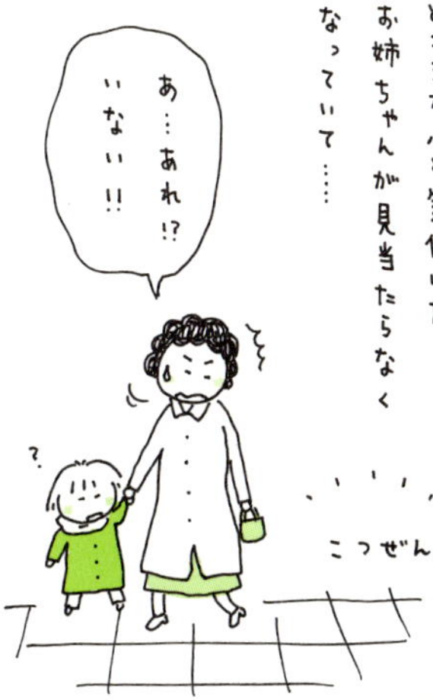

それから商店街をぐるぐる探しまわっても見つからず……

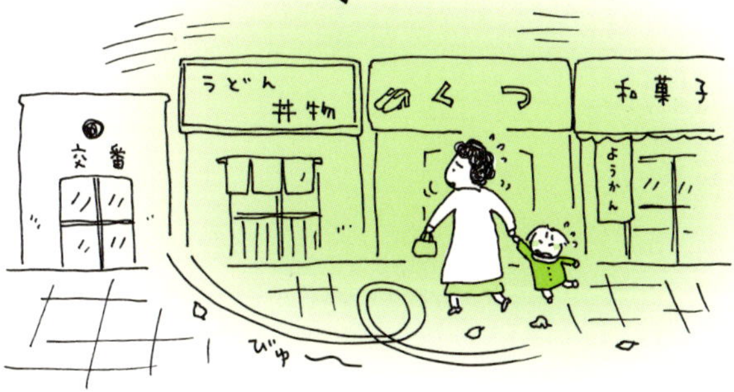

結局交番に行くことに……。

私は、ケーサツに行くだなんてえらいことになってきたなぁと思いつつ……

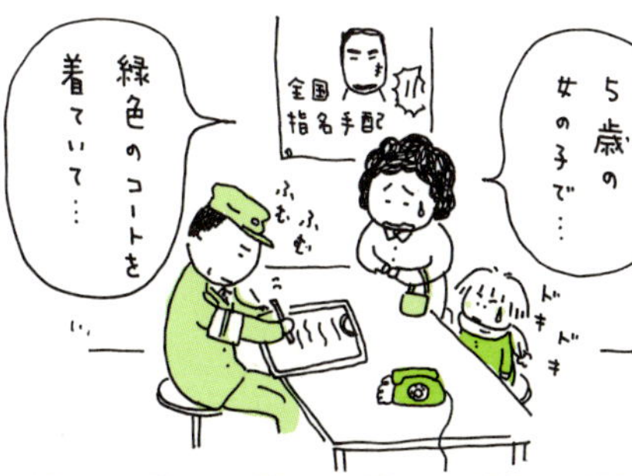

お姉ちゃんはいまごろどこかで泣いてんのかなあ…と思うと不安でいっぱいになってきた。

交番に行ってからもまた
ぐるぐる探しまわったけれど
やっぱり姉は見つからず……

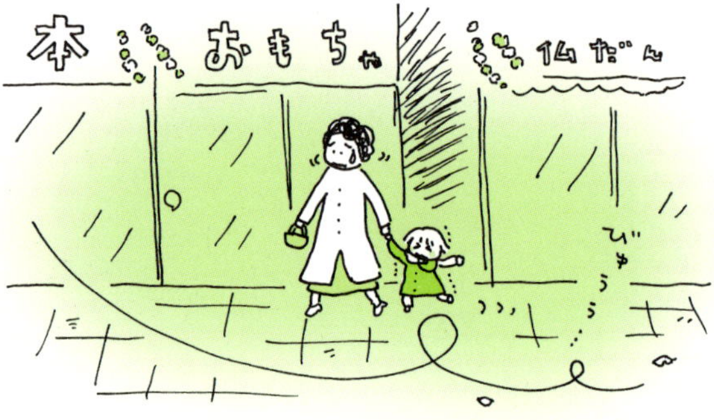

あたりは日も暮れて
暗くなってきた。

↓

ああ…もしかしたら
このままお姉ちゃんは
見つからなかったり
して……

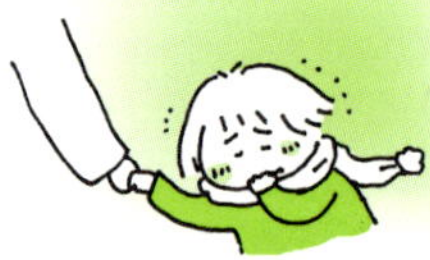

というような考えも
頭によぎり始めて
いたとき……

↓

前方に姉発見。

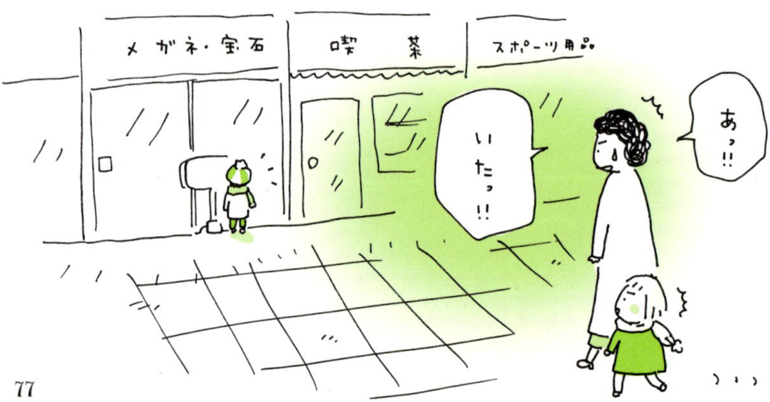

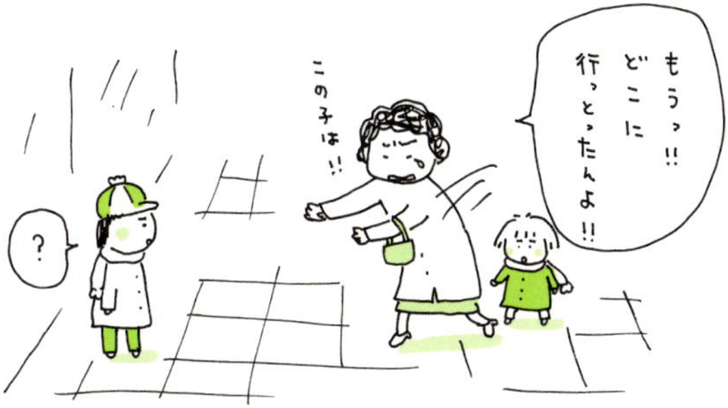

心配していた母と私をよそに
姉は別に困っていた風でもなく
ポカーンとしながら……

↓

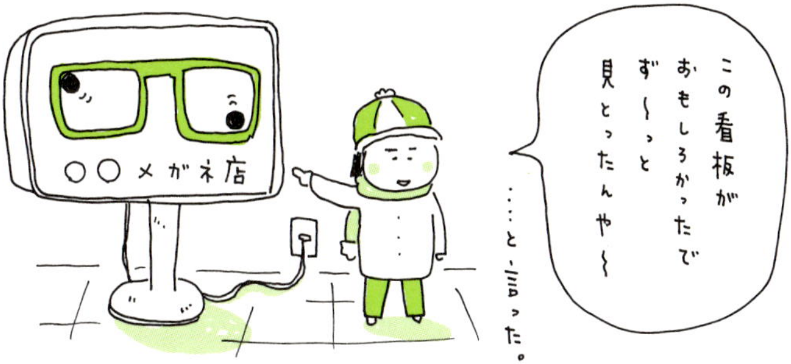

↓

私はのんきな姉に
腹を立てつつ……

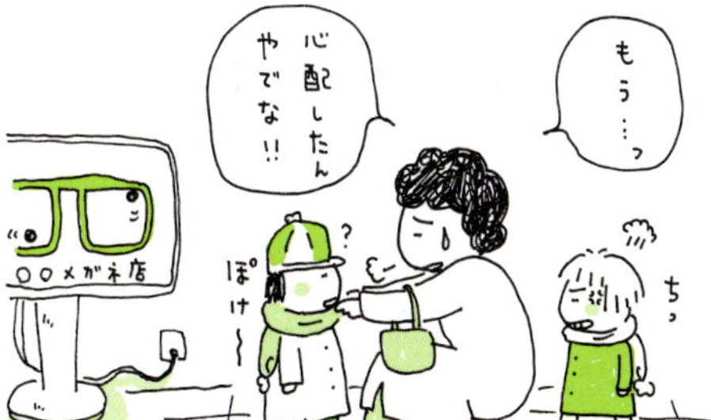

まいごになるとものすごく
親に心配をかけちゃうので
自分も気をつけよう……
と思ったのだった。

ところがそれからしばらくして家族でショッピングセンターに出掛けたときに……

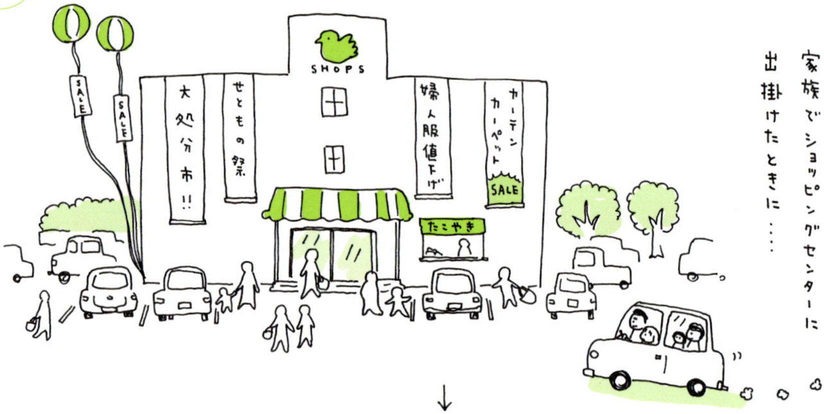

夢中でおもちゃを見ていたら……

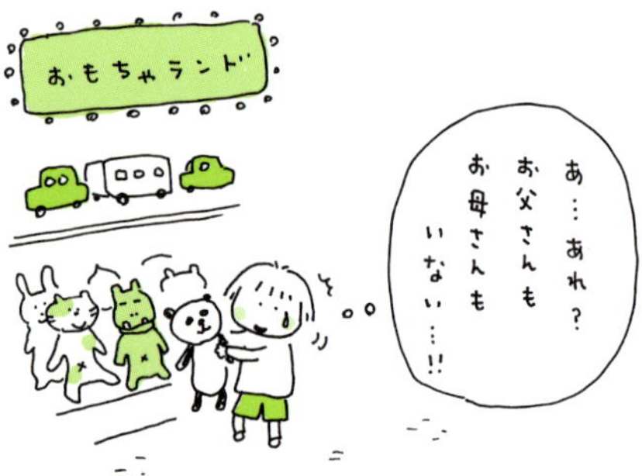

うっかり私もまいごになってしまった。

あたりをうろうろと探してみても家族は見つからず……

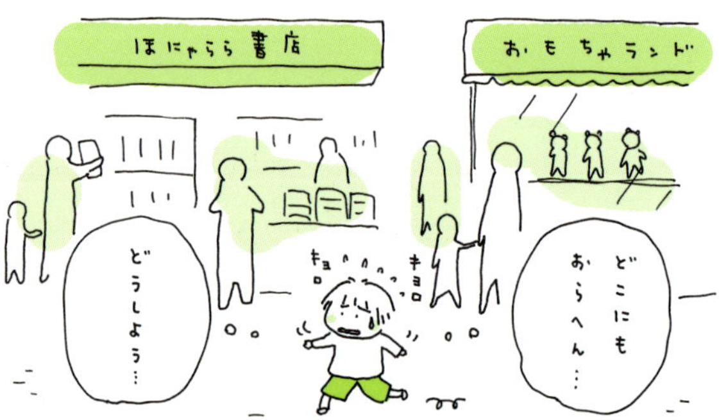

私はとてもあせってきた。

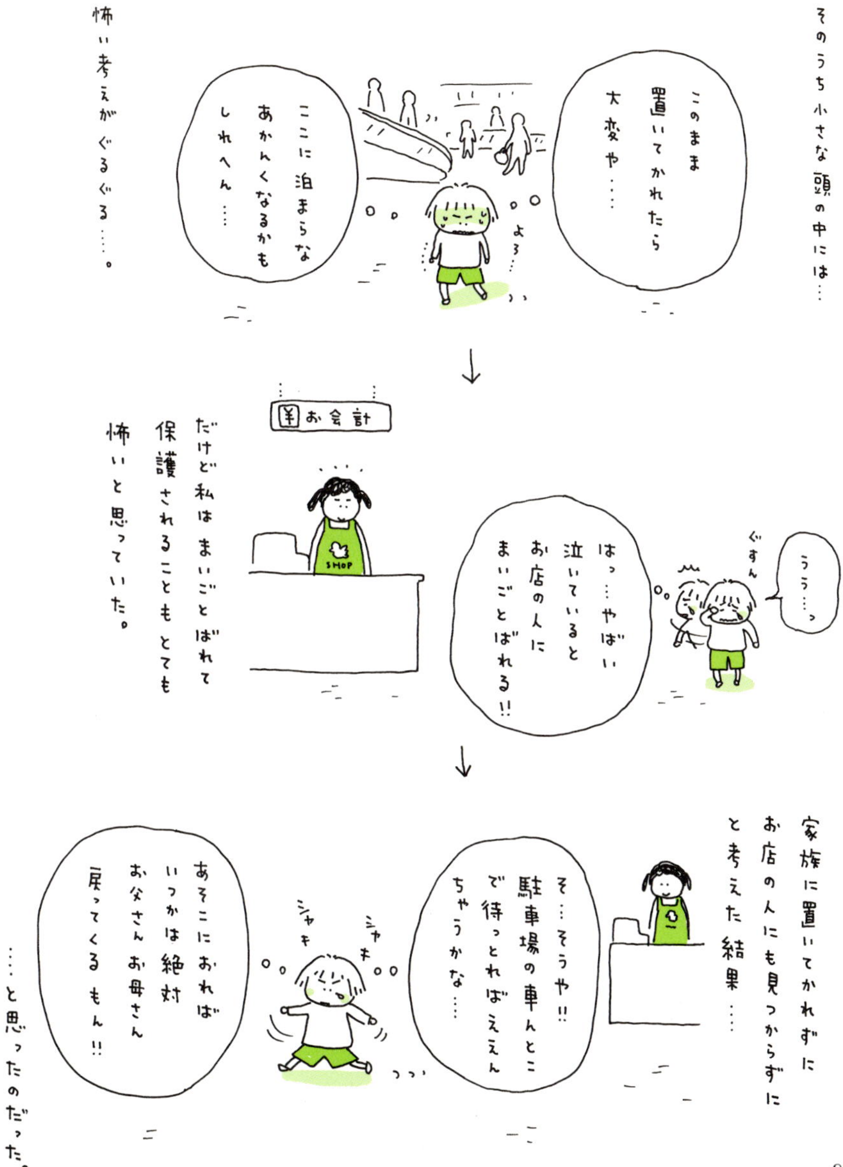
そのうち小さな頭の中には…
このまま置いてかれたら大変や…
よろ…
ここに泊まらなあかんくなるかもしれへん…
怖い考えがぐるぐる…。
¥お会計
うう…っ
ぐすん
はっ…やばい 泣いているとお店の人にまいごとばれる!!
だけど私はまいごとばれて保護されることもとても怖いと思っていた。
家族に置いてかれずにお店の人にも見つからずにと考えた結果…
そ…そうや!! 駐車場の車んとこで待っとればええんちゃうかな…
シャキ
シャキ
あそこにおればいつかは絶対お父さんお母さん戻ってくるもん!!
…と思ったのだった。

こうして駐車場に戻った私。

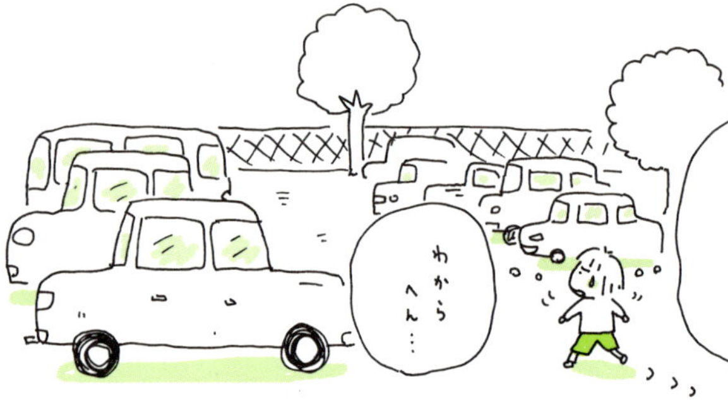

だけど駐車場は広くて
ここでもうろうろ…。

↓

そしてやっとのことで
うちの車を発見。

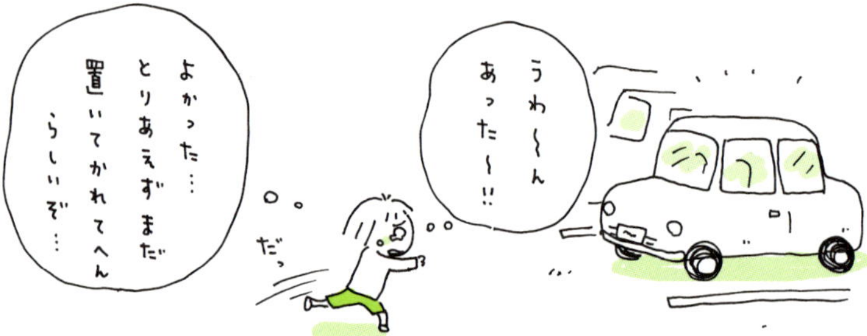

↓

そしてそれからはただひたすら
車の前で待つのみ…。

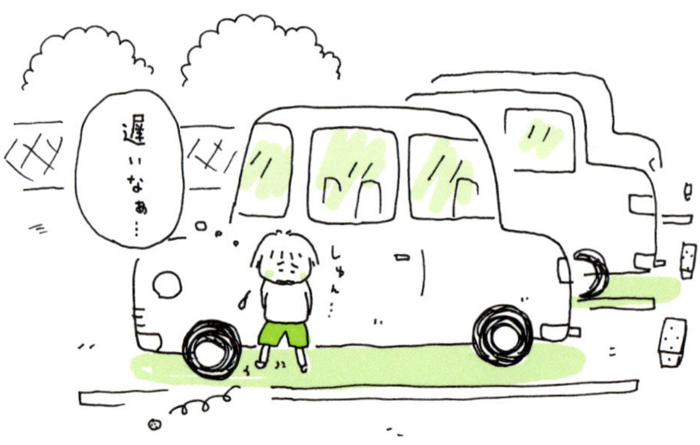

だけどなかなか家族は
戻ってこなかった。

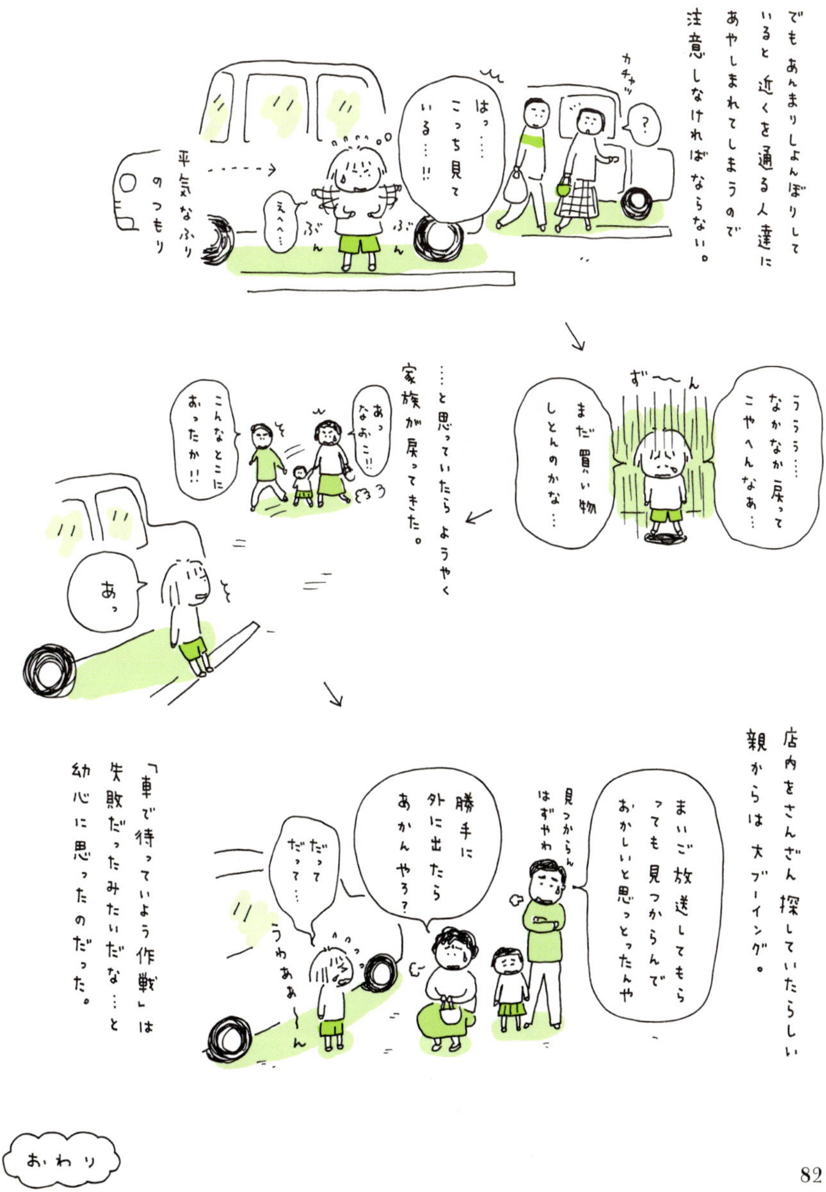

でもあんまりしょんぼりしていると近くを通る人達にあやしまれてしまうので注意しなければならない。
カチャッ
?
はっ…こっち見ている…!!
えへへ…
ぶんぶん
平気なふりのつもり
ずーん
ううう…なかなか戻ってこやへんなあ…
まだ買い物しとんのかな…
…と思っていたらようやく家族が戻ってきた。
あっ なおこ!!
こんなとこにおったか!!
あっ
店内をさんざん探していたらしい
親からは大ブーイング。
まいご放送してもらっても見つからんでおかしいと思っとったんや
見つからんはずやわ
勝手に外に出たらあかんやろ?
だってだって…
うわああ～ん
「車で待っていよう作戦」は失敗だったみたいだな…と幼心に思ったのだった。
おわり

その後のまいご

それからも私はちょくちょくまいごになった。

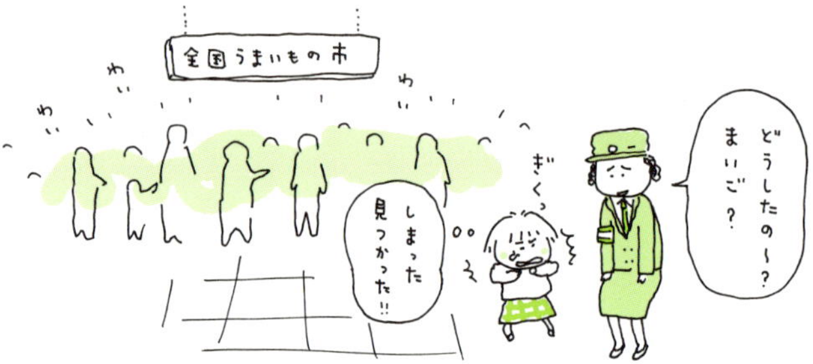

なぜかまいご保護をされるとき
助けてもらっているのに
「捕まってしまった…」という
気持ちになる。

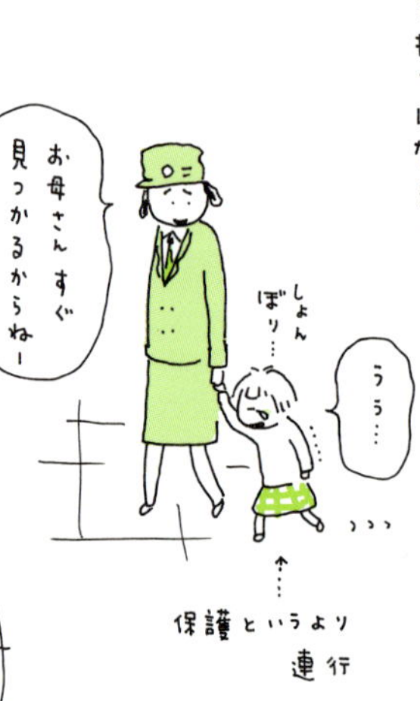

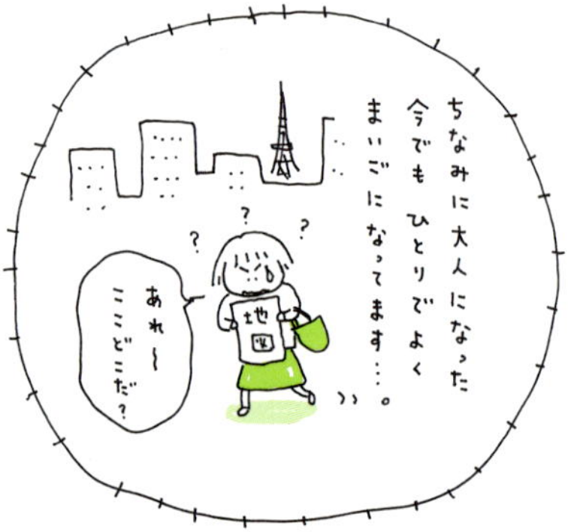

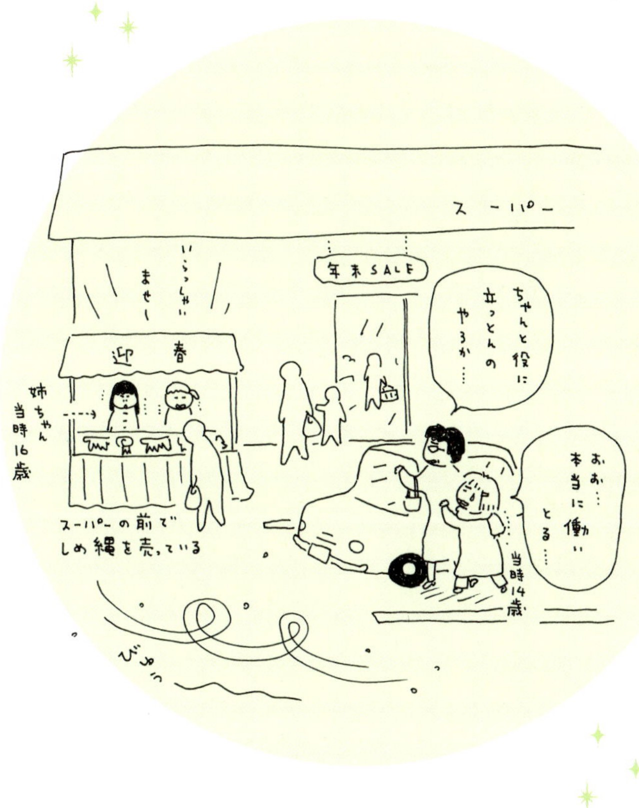

はじめてお姉ちゃんがバイトを始めたとき、お母さんと2人で様子を見に行った。

Chapter 7

はじめての焼き肉バイト

1991年
17歳

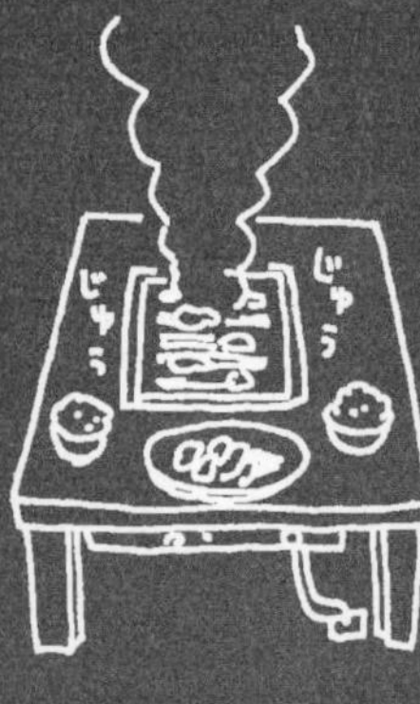

卒業も近づいてきた高3の冬、
進学先も決まって暇だった
私と友達はバイトでもしようか
という話になって……

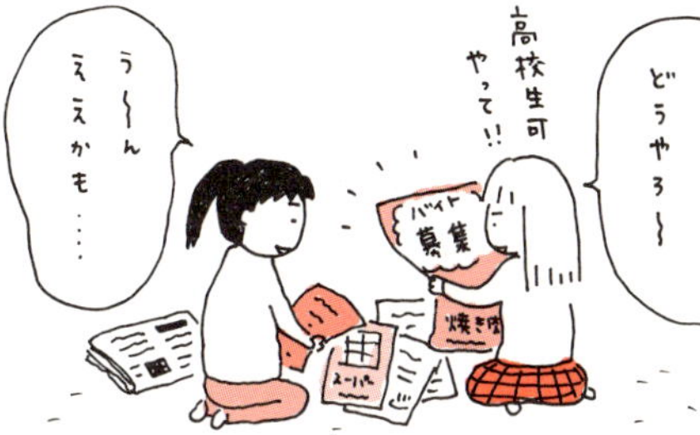

その日たまたま
折り込みチラシに入っていた
焼き肉屋のバイト募集に
申し込んだ。

↓

そして2人とも無事採用され
私はホール係
友達はキッチン係となった。

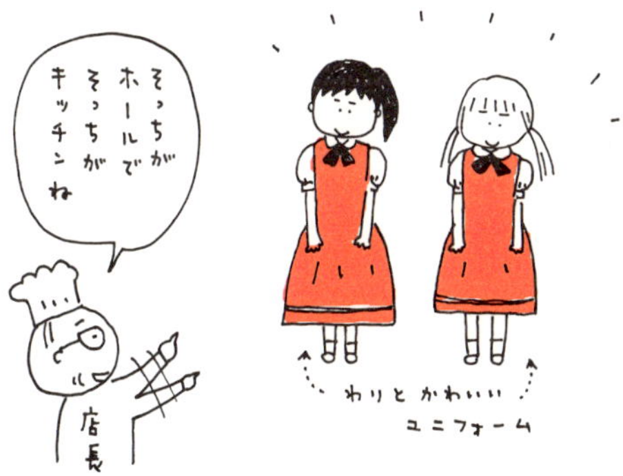

ホール係
↓
注文をとったり
料理を運んだり

キッチン係
↓
調理補助や
皿洗いなど

↓

バイトは年末年始をはさんだ
約2ケ月の短期。
朝の開店準備から夕方までの
8時間労働で時給780円。

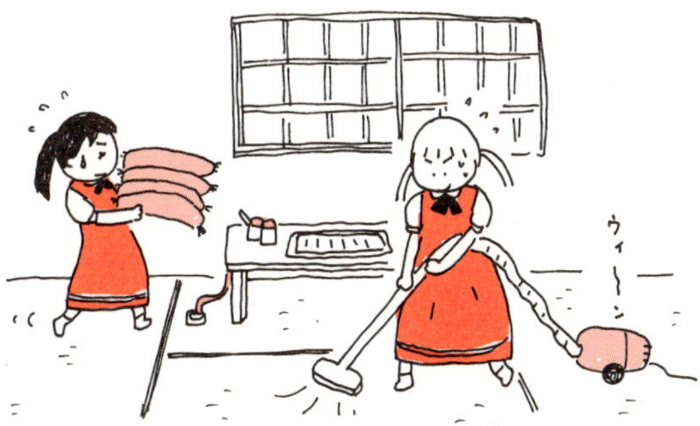

朝の2時間は
おそうじタイム

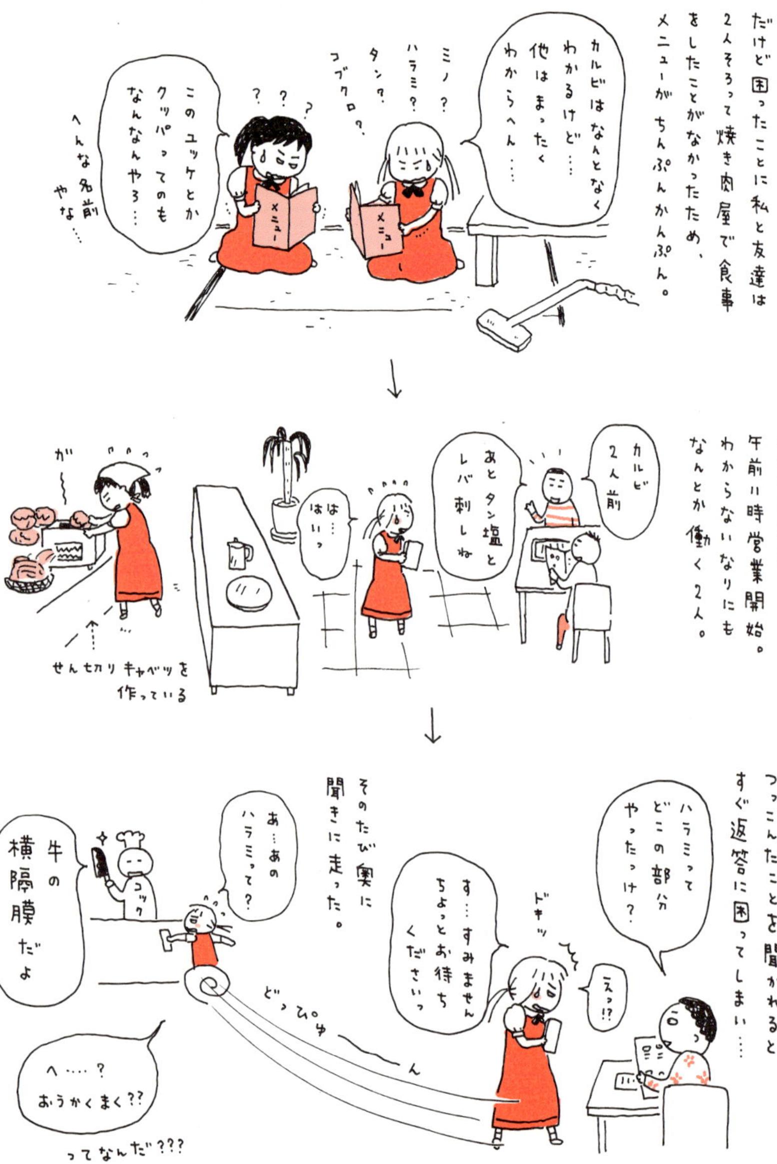
だけど困ったことに私と友達は2人そろって焼き肉屋で食事をしたことがなかったため、メニューがちんぷんかんぷん。
カルビはなんとなくわかるけど…他はまったくわからへん……
ミノ？ ハラミ？ タン？ コブクロ？
？？？
このユッケとかクッパってのもなんなんやろ…
へんな名前やな……
メニュー
メニュー
それでもお店は午前11時営業開始。わからないなりにもなんとか働く2人。
カルビ2人前
あとタン塩とレバ刺しね
は…はいっ
が～
せん切りキャベツを作っている
でもお客さんになにかつっこんだことを聞かれるとすぐ返答に困ってしまい……
ハラミってどこの部分やったっけ？
えっ!?
ドキッ
す…すみませんちょっとお待ちくださいっ
そのたび奥に聞きに走った。
あ…あのハラミって？
牛の横隔膜だよ
コック
どっぴゅ～ん
へ…？ おうかくまく？？
ってなんだ？？？

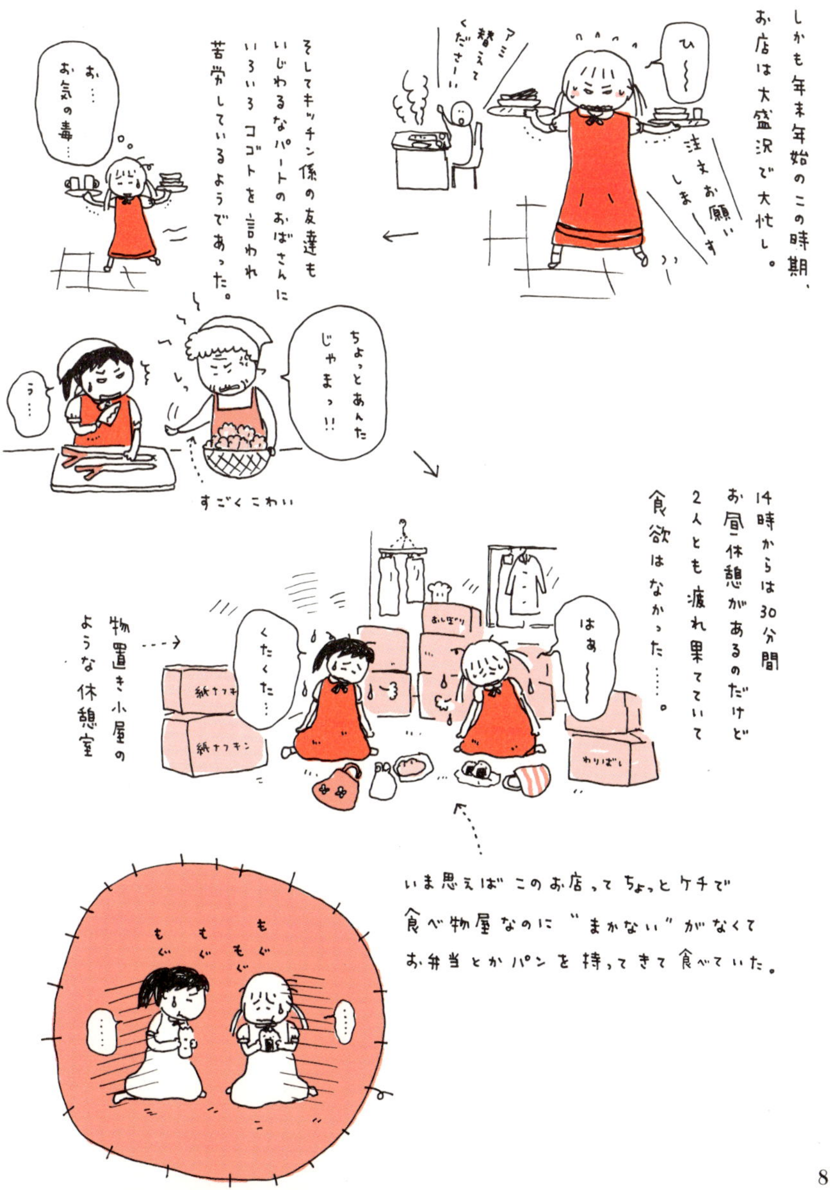
しかも年末年始のこの時期、
お店は大盛況で大忙し。
ひ〜〜
注文お願いしま〜す
アミ替えてくださーい
そしてキッチン係の友達も
いじわるなパートのおばさんに
いろいろコゴトを言われ
苦労しているようであった。
お…お気の毒…
ちょっとあんたじゃまっ!!
う…
すごくこわい
14時からは30分間
お昼休憩があるのだけど
2人とも疲れ果てていて
食欲はなかった……。
はぁ〜〜
くたくた…
物置き小屋のような休憩室
おしぼり
紙ナフキン
紙ナフキン
わりばし
いま思えばこのお店ってちょっとケチで
食べ物屋なのに"まかない"がなくて
お弁当とかパンを持ってきて食べていた。
もぐもぐもぐ
……
……

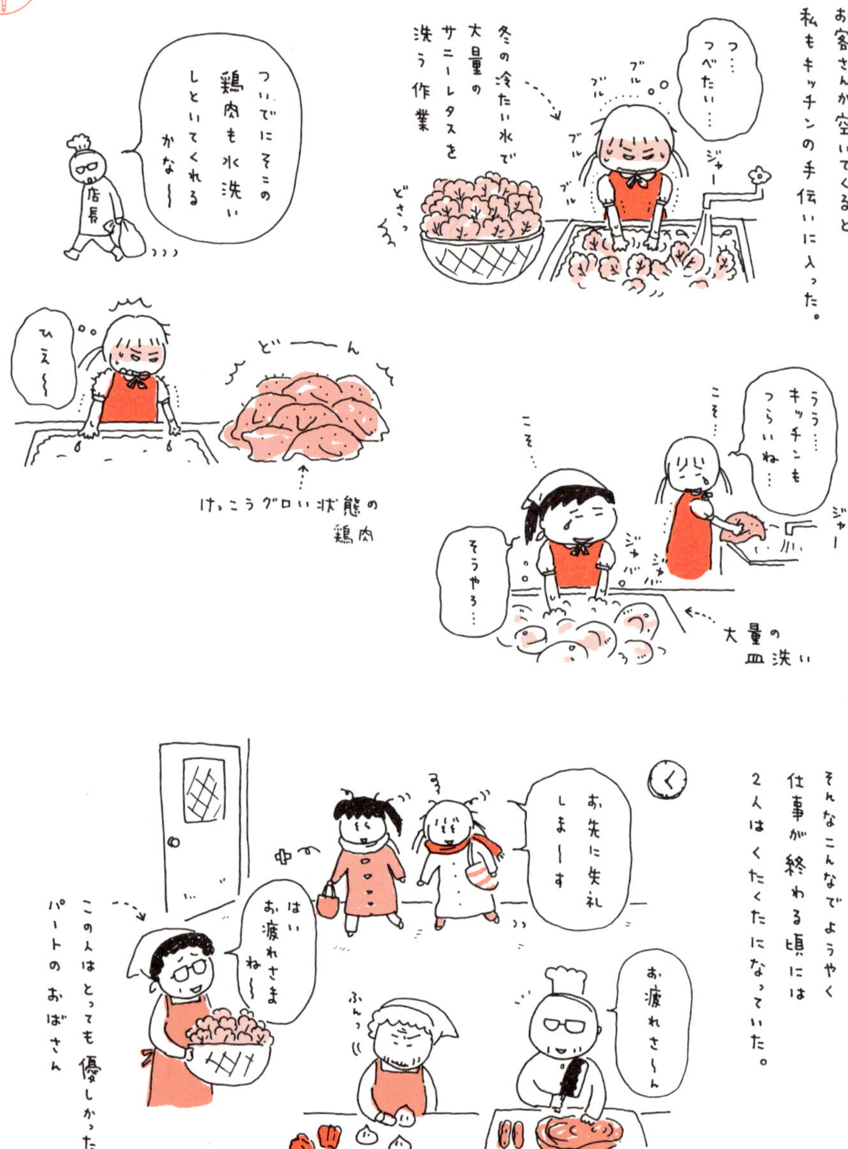
お客さんが空いてくると私もキッチンの手伝いに入った。
つ…つべたい…
ブルブル
ブルブル
ジャー
冬の冷たい水で大量のサニーレタスを洗う作業
どさっ
ついでにそこの鶏肉も水洗いしといてくれるかな〜〜
店長
ど〜〜ん
ひえ〜〜
けっこうグロい状態の鶏肉
うう…キッチンもつらいね…
こそ…
こそ…
ジャー
ジャバジャバ
そうやろ…
大量の皿洗い
そんなこんなでようやく仕事が終わる頃には2人はくたくたになっていた。
お先に失礼しま〜す
お疲れさ〜ん
ふんっ
はい お疲れさまね〜
この人はとっても優しかったパートのおばさん

焼き肉屋から家までは
自転車で20分ほどかかり
寒空の下 がんばってこぐ2人。

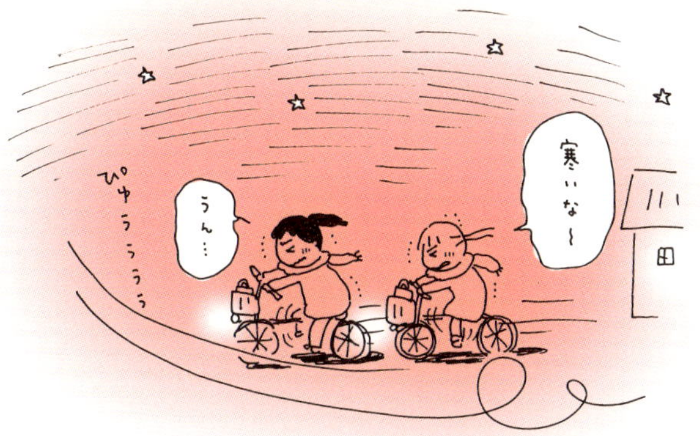

↓

働くのってつらいなぁ….
もう行きたくないなぁ….
なんてことを考えつつの
帰り道…。

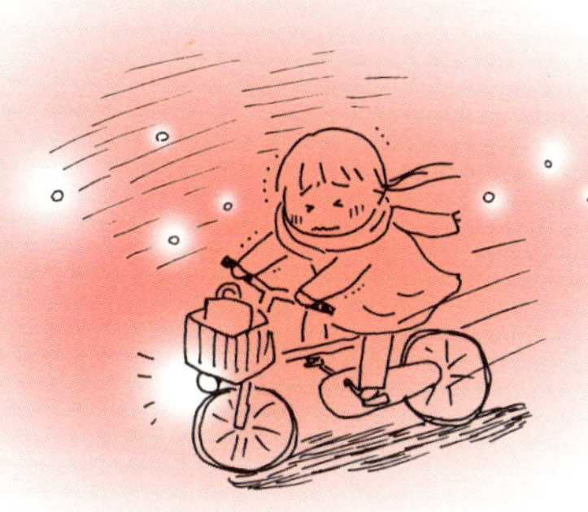

私の髪からはまだ
焼き肉屋のにおいが
プ〜ンとしていた。

↓

だけど私と友達は
休むこともなく真面目に
バイトを続けた。

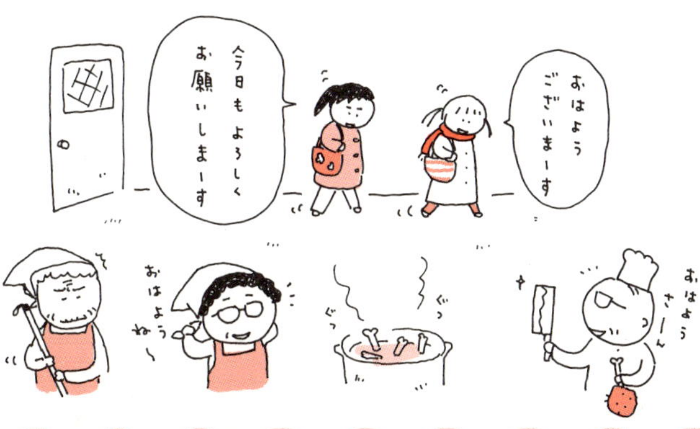

そして私はひそかに"肉あんちょこ"を作って肉の種類を憶えようとしていた。

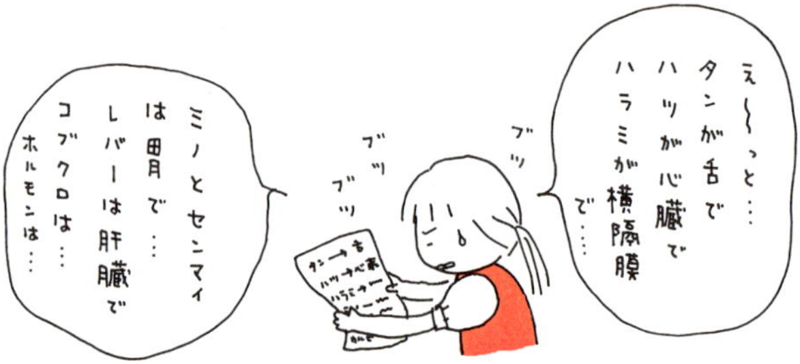

だけどお客さんの中には勝手に俗称で注文してくる人もいてわけがわからなくなる。

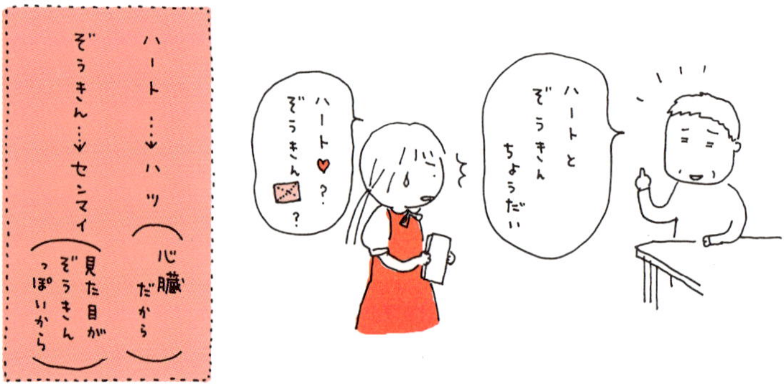

団体のお客さんも大変……。

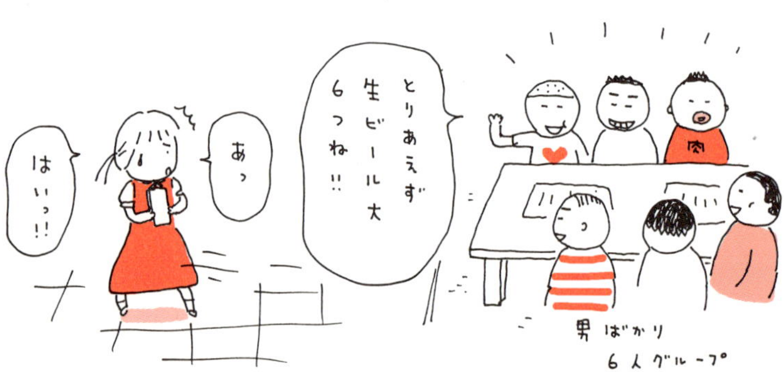

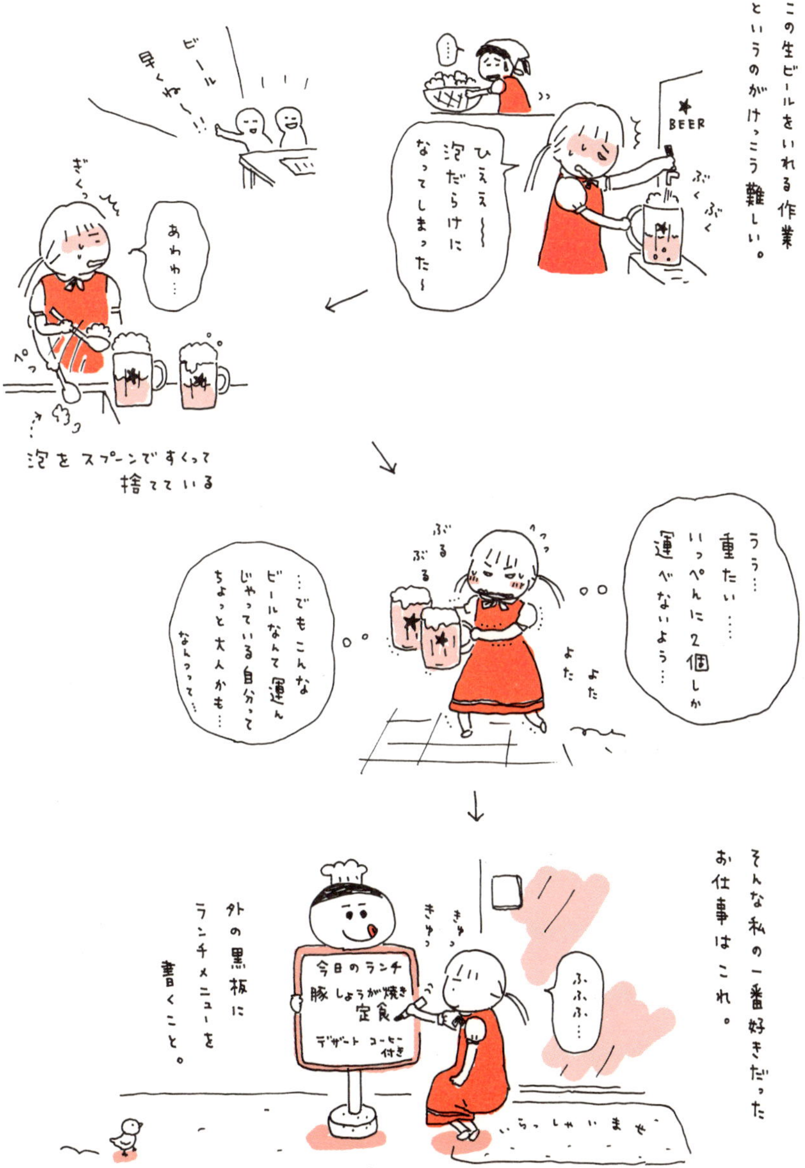
この生ビールをいれる作業
というのがけっこう難しい。
……
BEER
ぶくぶくぶく
ひええ～～泡だらけになってしまった～
ビール早くね～!!
ぎくっ
あわわ…
ぺっ
泡をスプーンですくって捨てている
うう…重たい…いっぺんに2個しか運べないよう…
ぶるぶる
よたよた
…でもこんなビールなんて運んじゃっている自分ってちょっと大人かも…なんつって…
そんな私の一番好きだった
お仕事はこれ。
ふふふ…
きゅっきゅっ
今日のランチ
豚しょうが焼き定食
デザート コーヒー付き
外の黒板にランチメニューを書くこと。
いらっしゃいませ

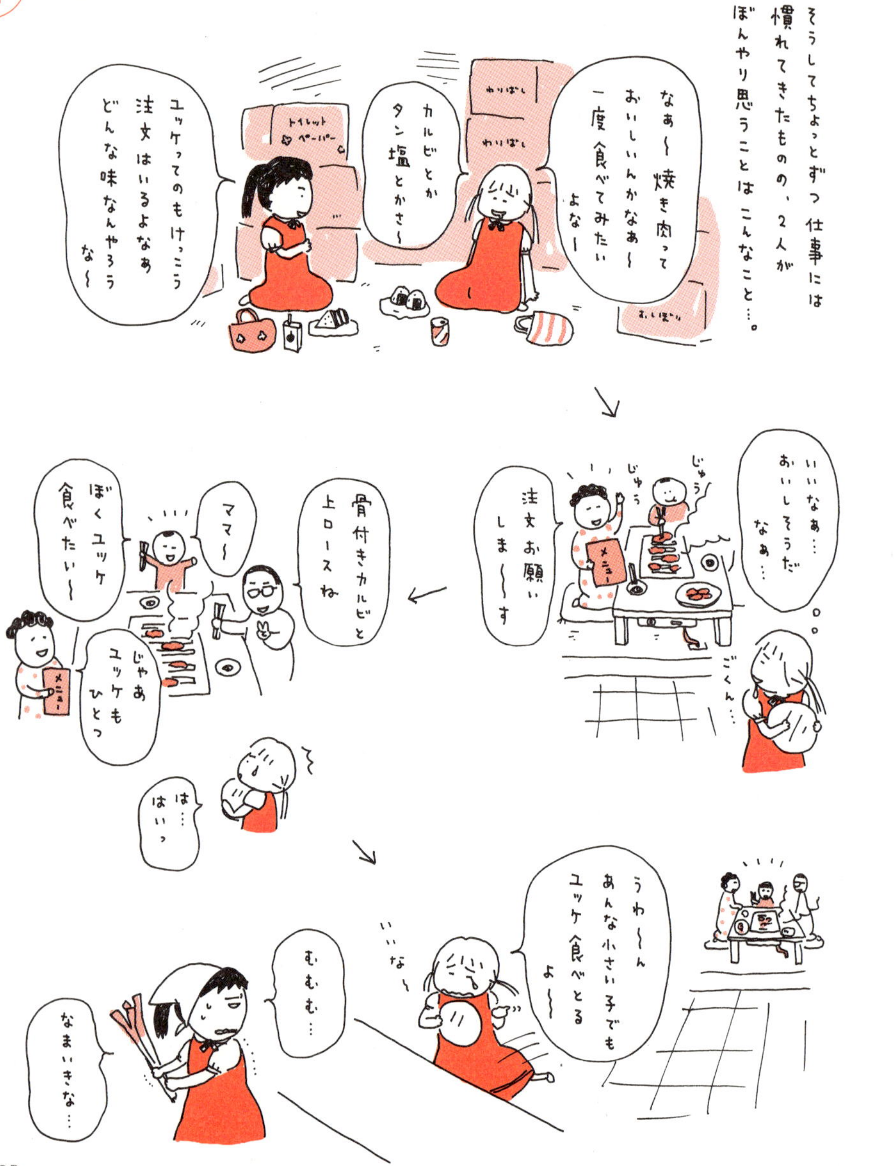

そうしてちょっとずつ仕事には慣れてきたものの、2人がぼんやり思うことはこんなこと…。
わりばし
わりばし
トイレットペーパー
おしぼり
なぁ～焼き肉っておいしいんかなぁ～一度食べてみたいよなー
カルビとかタン塩とかさ～
ユッケってのもけっこう注文はいるよなぁどんな味なんやろうな～
いいなぁ…おいしそうだなぁ…。。
じゅう
じゅう
注文お願いしま～す
メニュー
ごくん…
骨付きカルビと上ロースね
ママ～
ぼくユッケ食べたい～
じゃあユッケもひとつ
メニュー
は…はいっ
うわ～んあんな小さい子でもユッケ食べとるよ～
いいな～
むむむ…
なまいきな…

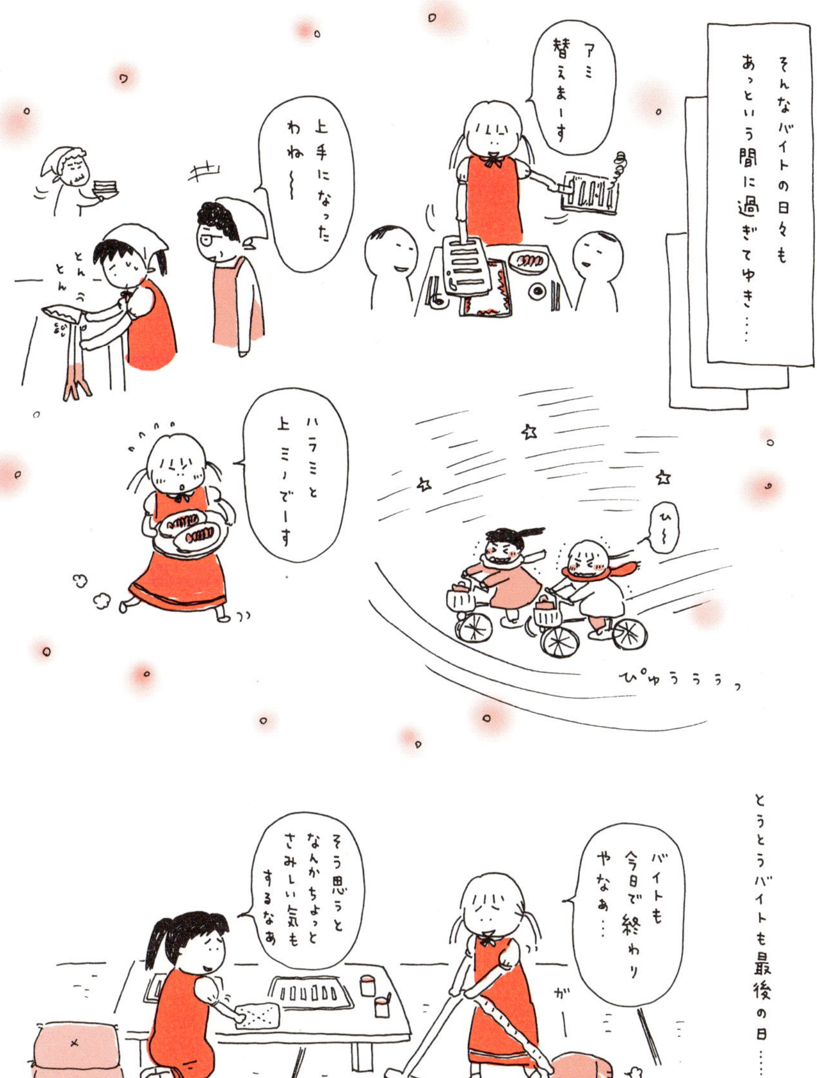

そんなバイトの日々も
あっという間に過ぎてゆき……
アミ替えまーす
上手になったわね〜〜
とんとん
ハラミと上ミノでーす
ひ〜
ぴゅううううっ
とうとうバイトも最後の日……。
バイトも今日で終わりやなあ…
そう思うとなんかちょっとさみしい気もするなあ
ガー

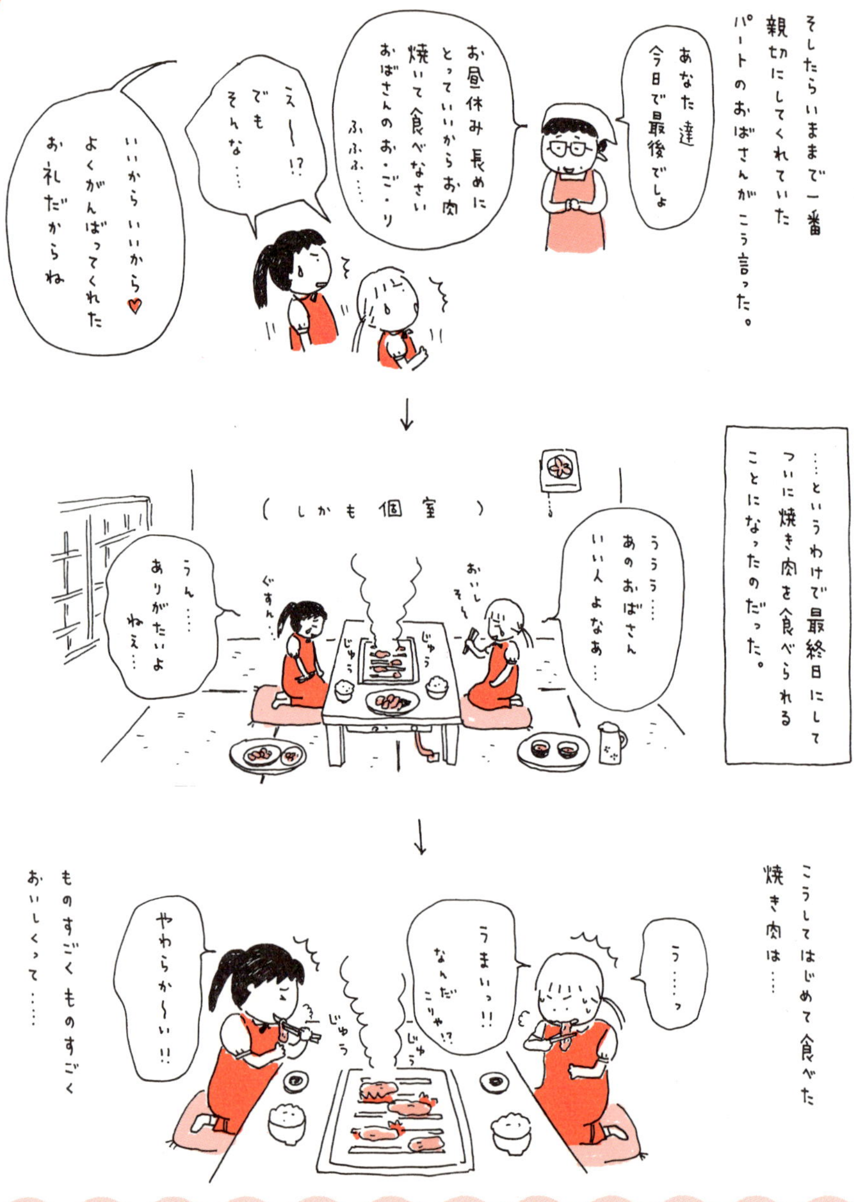
そしたらいままで一番
親切にしてくれていた
パートのおばさんがこう言った。
あなた達 今日で最後でしょ
お昼休み 長めにとっていいからお肉焼いて食べなさい おばさんのお・ご・り ふふふ……
え～!? でもそんな……
いいからいいから♥ よくがんばってくれたお礼だからね
…というわけで最終日にしてついに焼き肉を食べられることになったのだった。
(しかも個室)
ううう…… あのおばさん いい人よなあ……
おいしそ～
ぐすん…
うん…… ありがたいよねえ……
じゅう
じゅう
こうしてはじめて食べた焼き肉は……
う……っ
うまいっ!! なんだこりゃ!?
じゅう
じゅう
やわらか～い!!
ものすごくものすごくおいしくって……

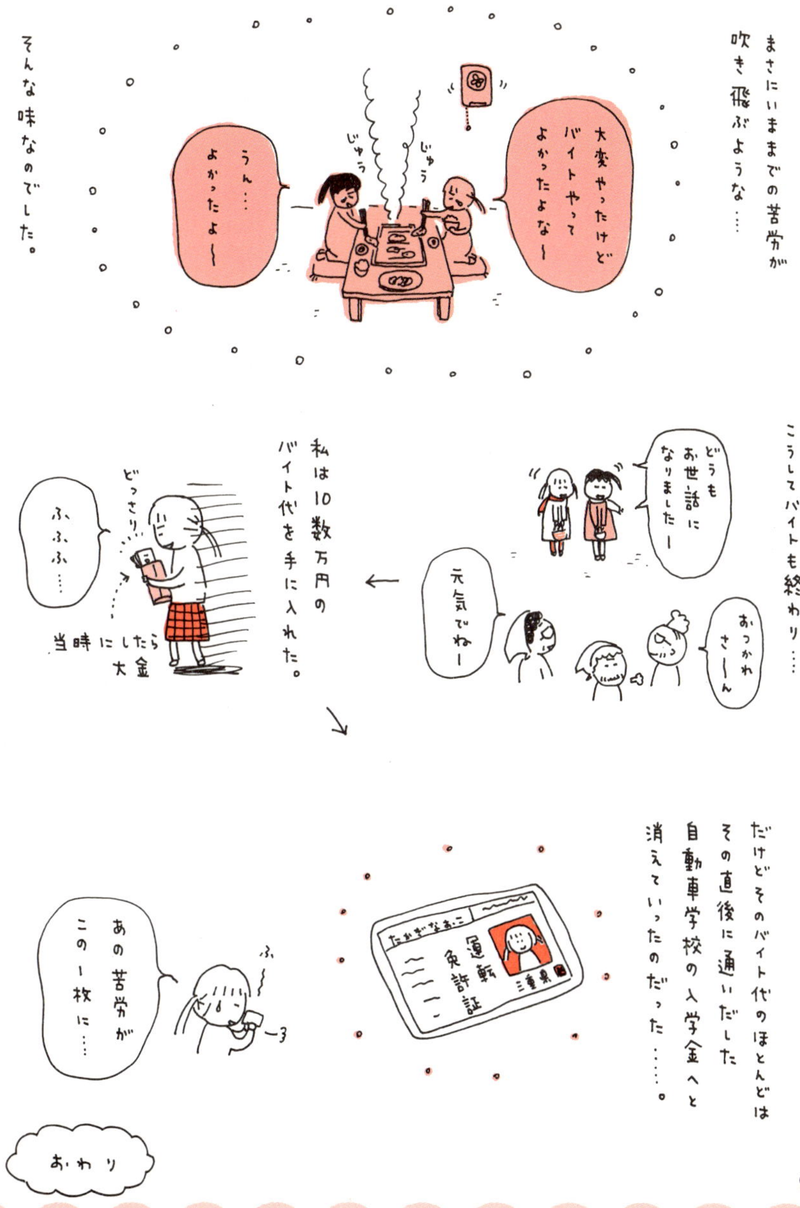
まさにいままでの苦労が
吹き飛ぶような……
大変やったけど
バイトやって
よかったよな～
じゅう
じゅう
うん…
よかったよ～
そんな味なのでした。
こうしてバイトも終わり……
どうも
お世話に
なりました一
おつかれ
さーん
元気でねー
私は10数万円の
バイト代を手に入れた。
どっさり
ふふふ……
当時にしたら
大金
だけどそのバイト代のほとんどは
その直後に通いだした
自動車学校の入学金へと
消えていったのだった……。
たかぎなおこ
運転
免許証
三重県
ふ～
あの苦労が
この1枚に……
おわり

その後の焼き肉

今では友達や家族とも
ちょいちょい食べに行ったりして
すっかりめずらしい食べ物でも
なくなってしまった焼き肉…。

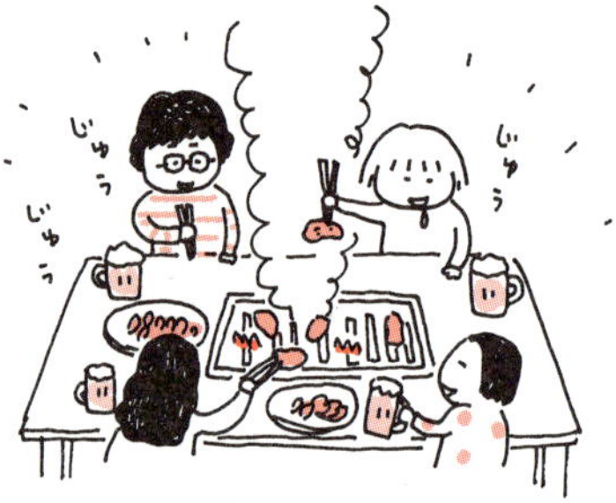

でもまあ
"ごちそう"
なんだけど…

ちょっと前にバイトしていた
焼き肉屋にも約10年ぶりに
食べに行ってみたのだけど
あの頃みたいに感動はできなかった。

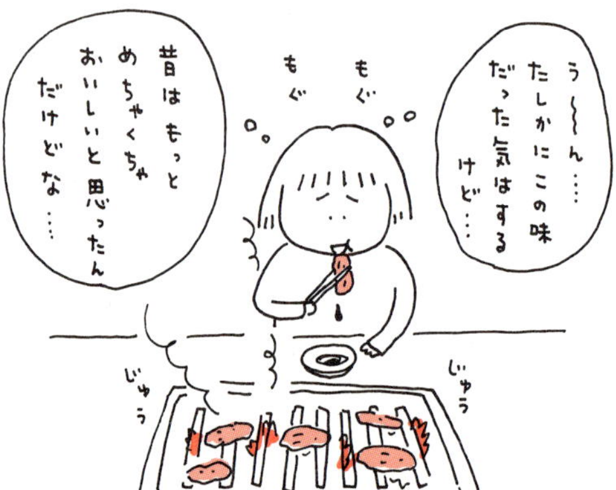

でもじんわりとなつかしい
あの頃の味とにおいでした。

はじめてバイトをした飲食店で
一番はじめにした仕事は
ちくわの串刺し作業だった。

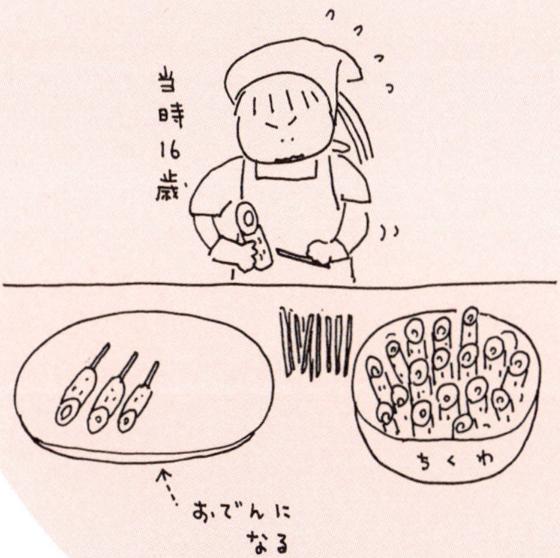

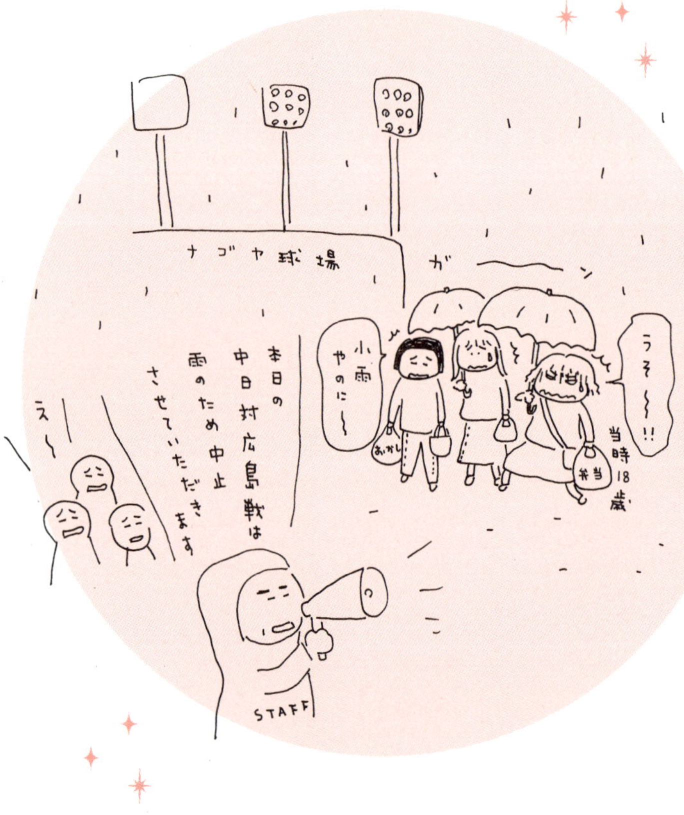

はじめて見に行ったナイターは
球場前で中止のアナウンス……。

はじめて選挙に行ったとき、
誰に投票したらいいのかまったくわからず……

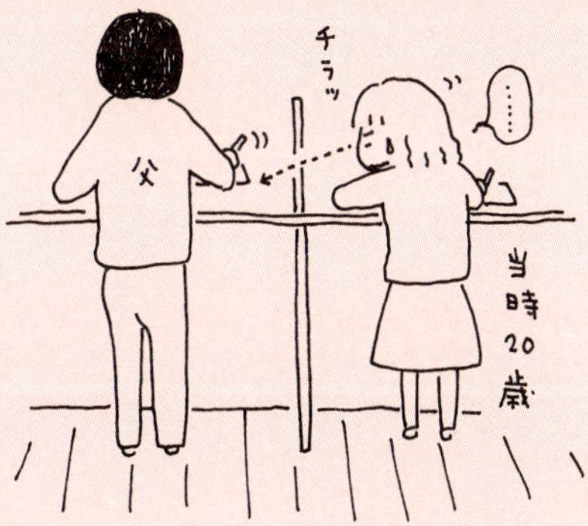

一緒に来ていたお父さんの投票用紙を
カンニング……。

Chapter 8

はじめてのドライブ

1993年
19歳

18歳になってすぐ運転免許を取ったのだけど その後まったく運転をしないまま1年半が過ぎてしまった私……。

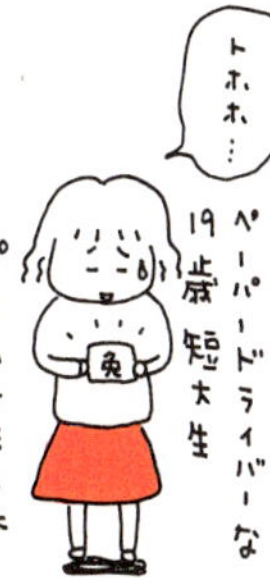

そんなとき家に新しい車がやってきたので それを借りて久しぶりに運転してみることにしました。

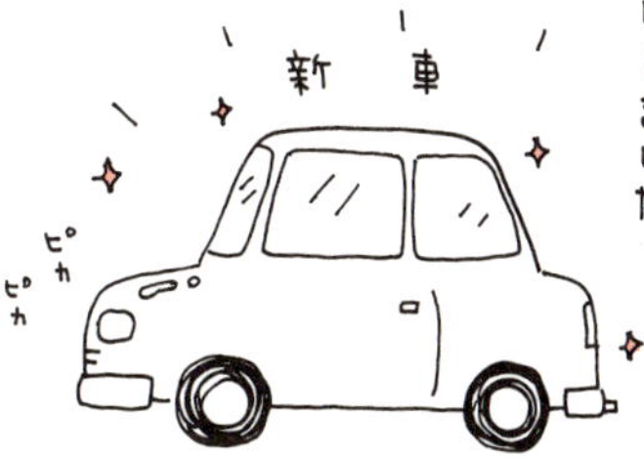

↓

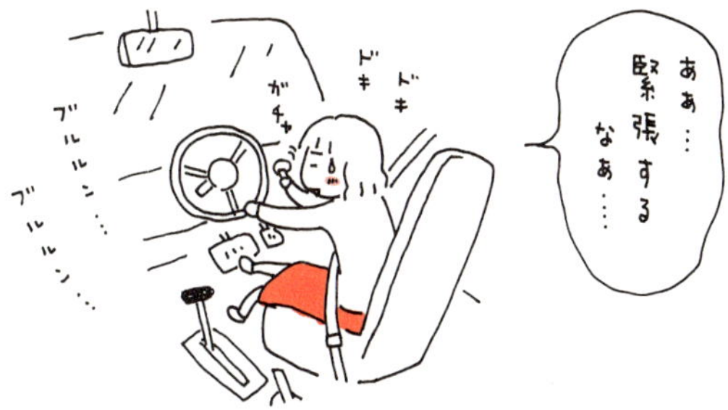

道が込んでいると怖いので早起きして早朝6時に出発。

↓

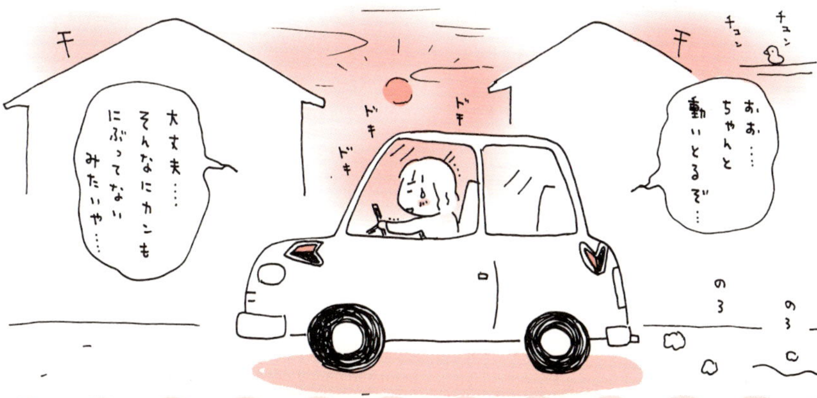

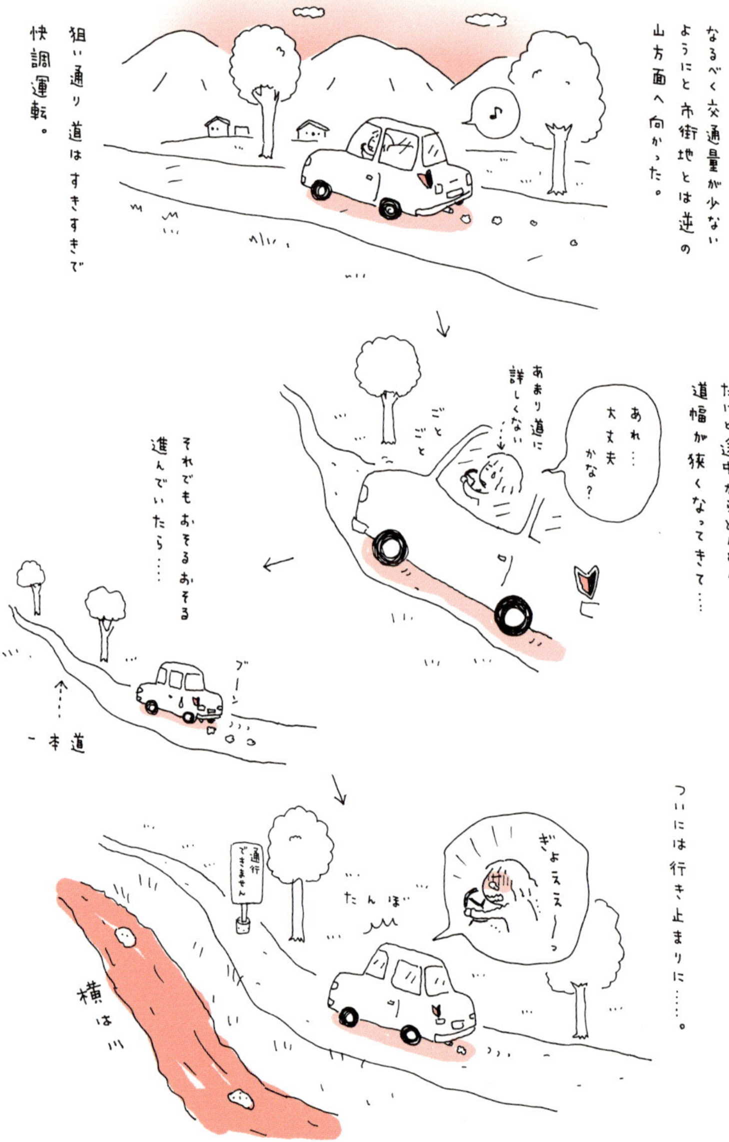
なるべく交通量が少ないようにと市街地とは逆の山方面へ向かった。
狙い通り道はすきすきで快調運転。
だけど途中からどんどん道幅が狭くなってきて……
あれ…大丈夫かな？
あまり道に詳しくない
ごとごと
それでもおそるおそる進んでいたら……
ブーン
一本道
ついには行き止まりに……。
ぎょえええ〜っ
通行できません
たんぼ
横は川

しょうがないのでUターンできるところまでバック。

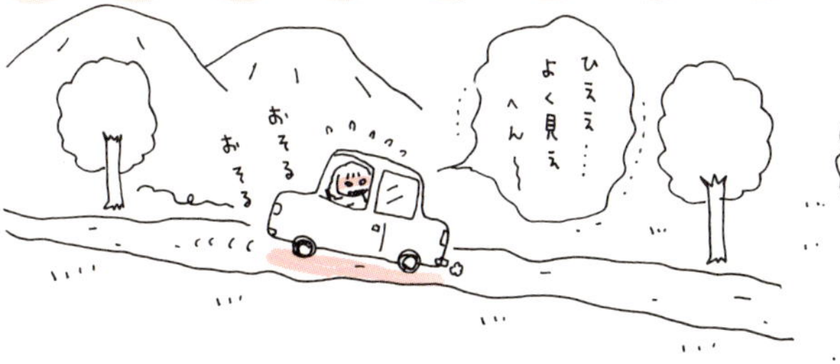

そしてどうにかこうにかUターンに成功。

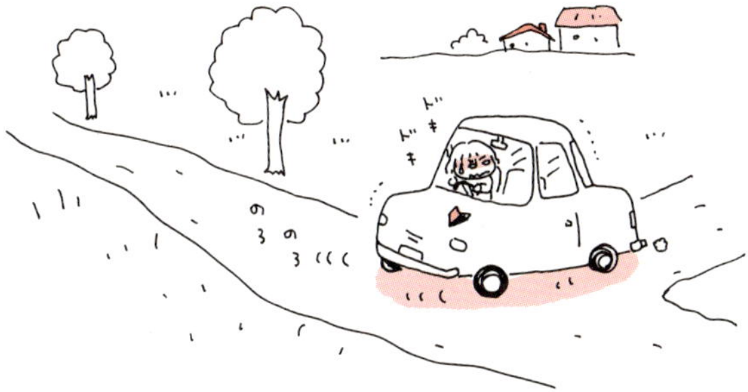

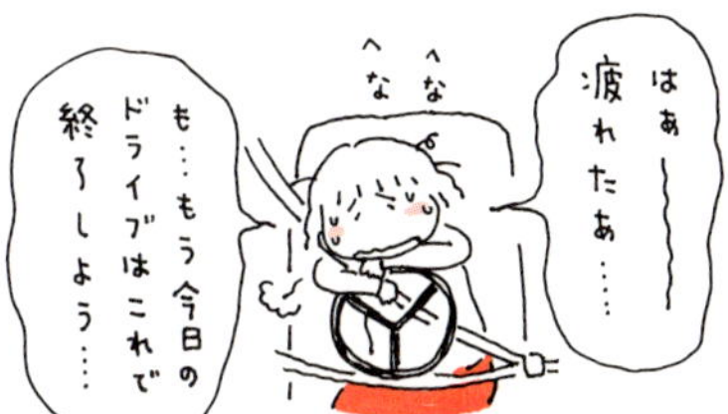

しかし家へと向かう道はすでに朝の通勤ラッシュが始まって込みだしていた。

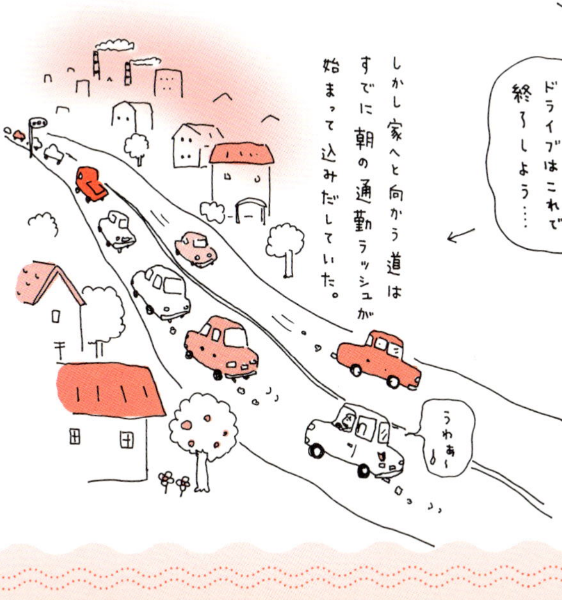

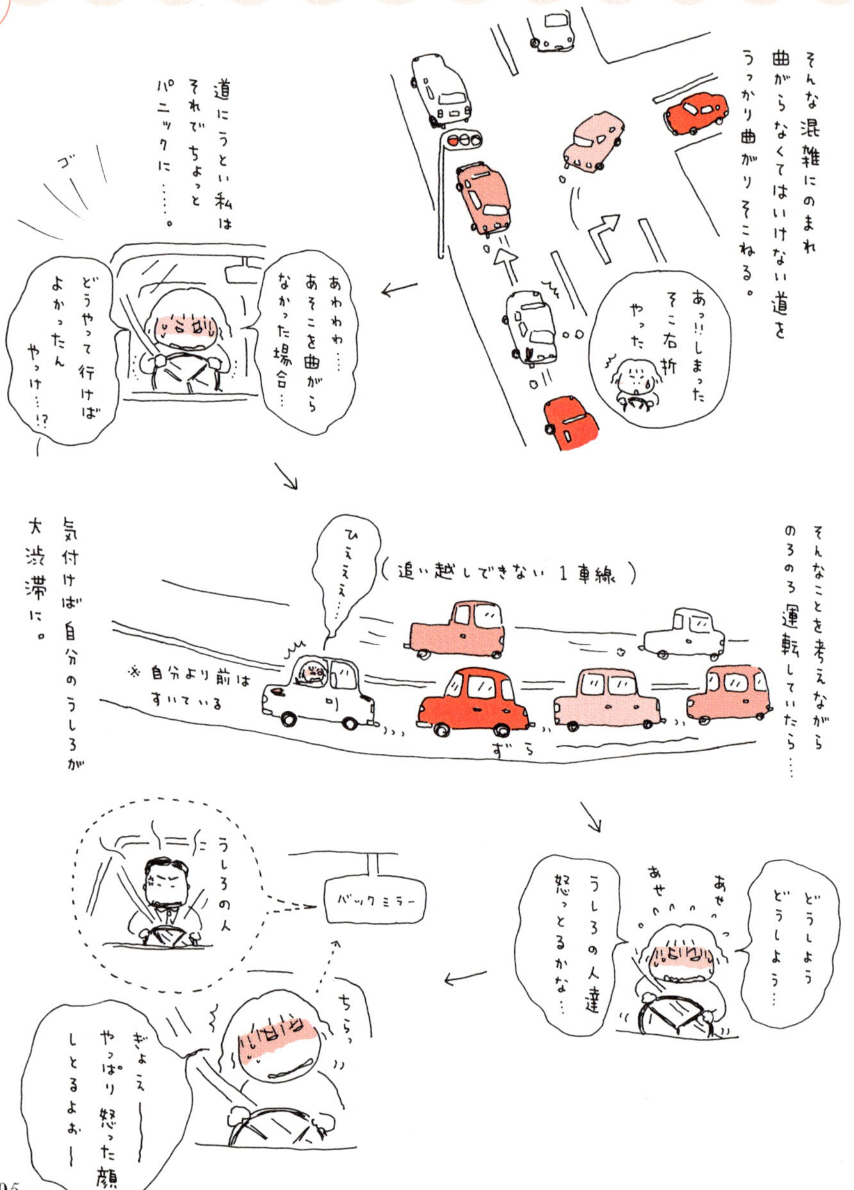
そんな混雑にのまれ
曲がらなくてはいけない道を
うっかり曲がりそこねる。
あっ!!しまった
そこ右折
やった
道にうとい私は
それでちょっと
パニックに……。
ゴ
あわわわわ……
あそこを曲がら
なかった場合…
どうやって行けば
よかったん
やっけ…!?
そんなことを考えながら
のろのろ運転していたら……
（追い越しできない 1車線）
ひえええ……
※自分より前は
すいている
ずら
気付けば自分のうしろが
大渋滞に。
どうしよう
どうしよう……
あせ
あせ
うしろの人達
怒っとるかな…
バックミラー
うしろの人
ちらっ
ぎょえ~
やっぱり怒った顔
しとるよぉ~

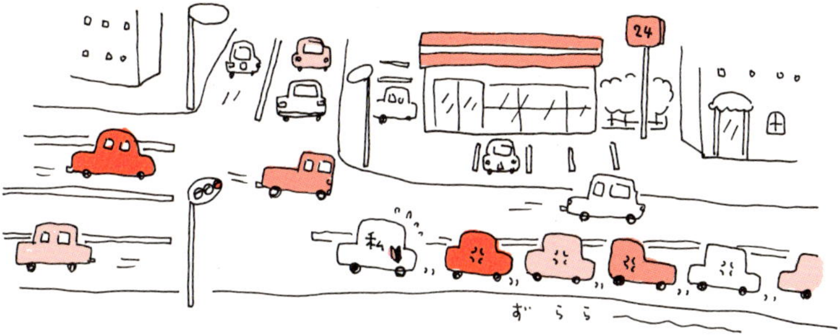

そんなだんご状態が続き
やっと2車線に出たら…

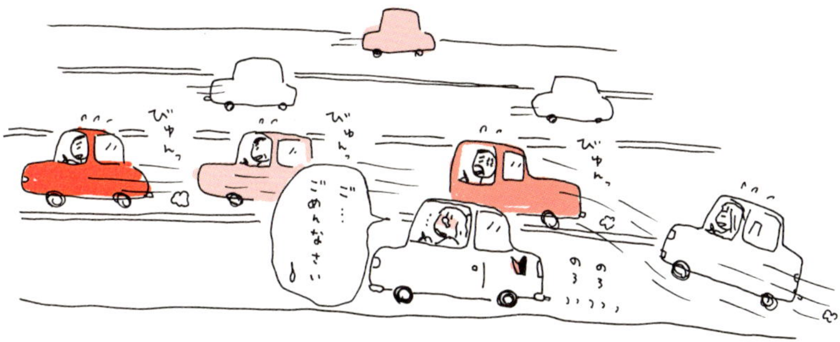

すごい勢いで後続車達に
追い抜かれた。

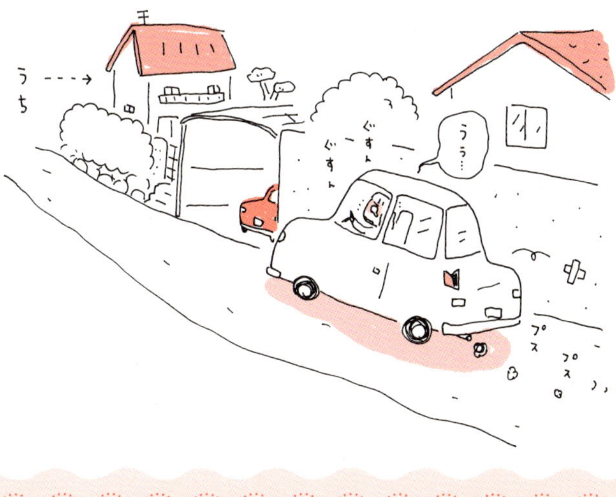

こうしてよれよれになりながらも
なんとか家にたどり着いたのだった。

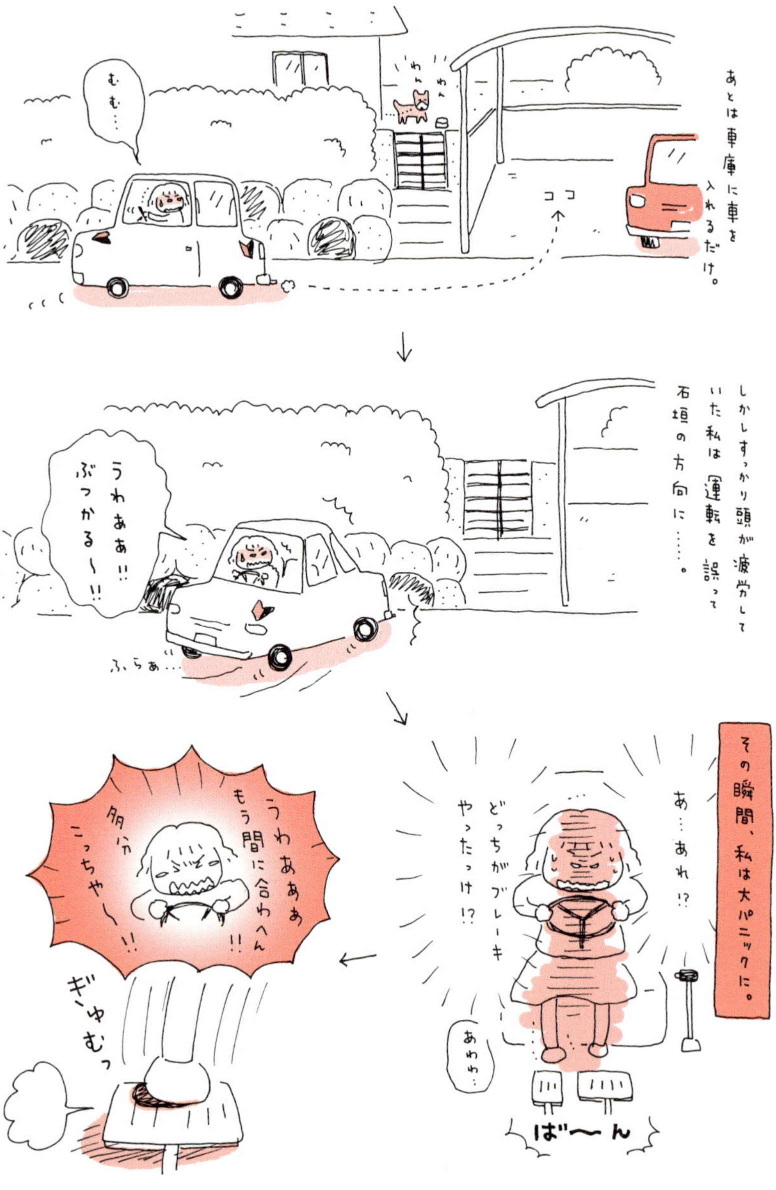

あとは車庫に車を入れるだけ。
むむ…
わんわん
ココ
しかしすっかり頭が疲労していた私は運転を誤って石垣の方向に……。
うわあああ!! ぶつかる〜!!
ふらぁ…
その瞬間、私は大パニックに。
あ…あれ!?
どっちがブレーキやったっけ!?
あわわ…
ば〜ん
うわあああ もう間に合わへん!!
多分こっちや〜!!
ぎゅむっ

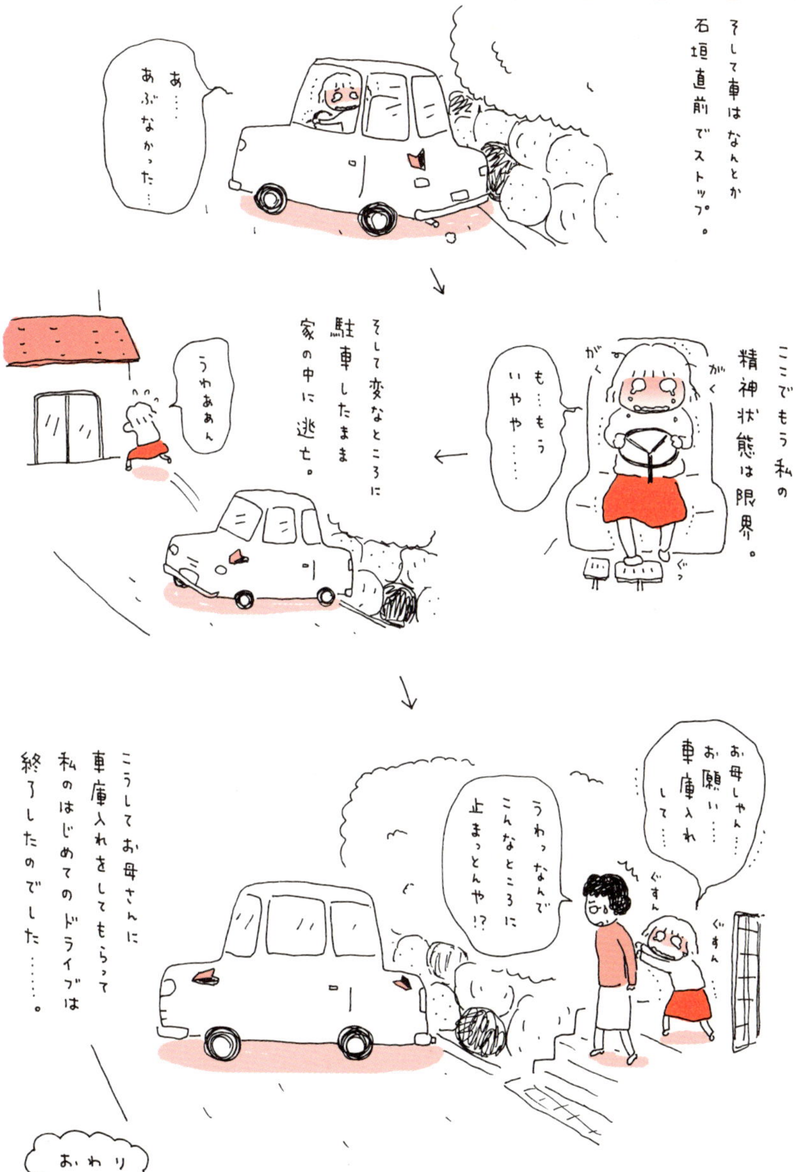
そして車はなんとか石垣直前でストップ。
あ……あぶなかった……
ここでもう私の精神状態は限界。
がくがく
ぐっ
も…もういやや……
そして変なところに駐車したまま家の中に逃亡。
うわあああん
お母しゃん…お願い…車庫入れして……
ぐすん
ぐすん…
うわっなんでこんなところに止まっとんや!?
こうしてお母さんに車庫入れをしてもらって私のはじめてのドライブは終了したのでした……。
おわり

その後のドライブ

その後もときどきは運転しているものの……

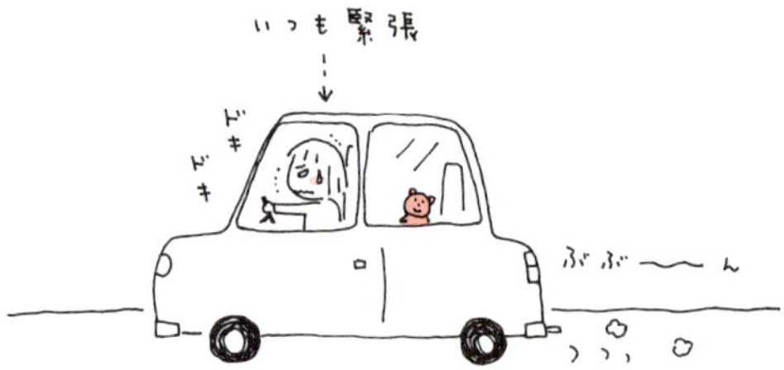

どうやら私は基本的に車の運転は好きではないようだ。

車はやっぱり助手席に乗せてもらうほうが楽ちんでいいなあ……と思う。

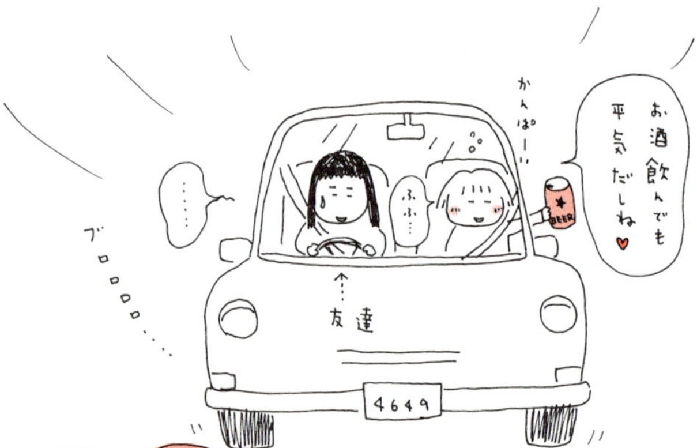

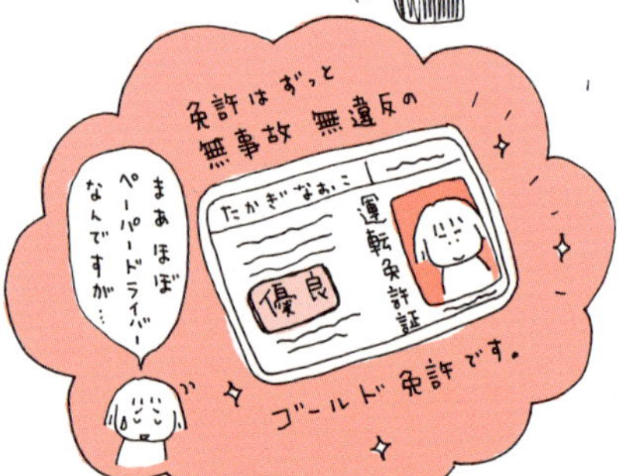

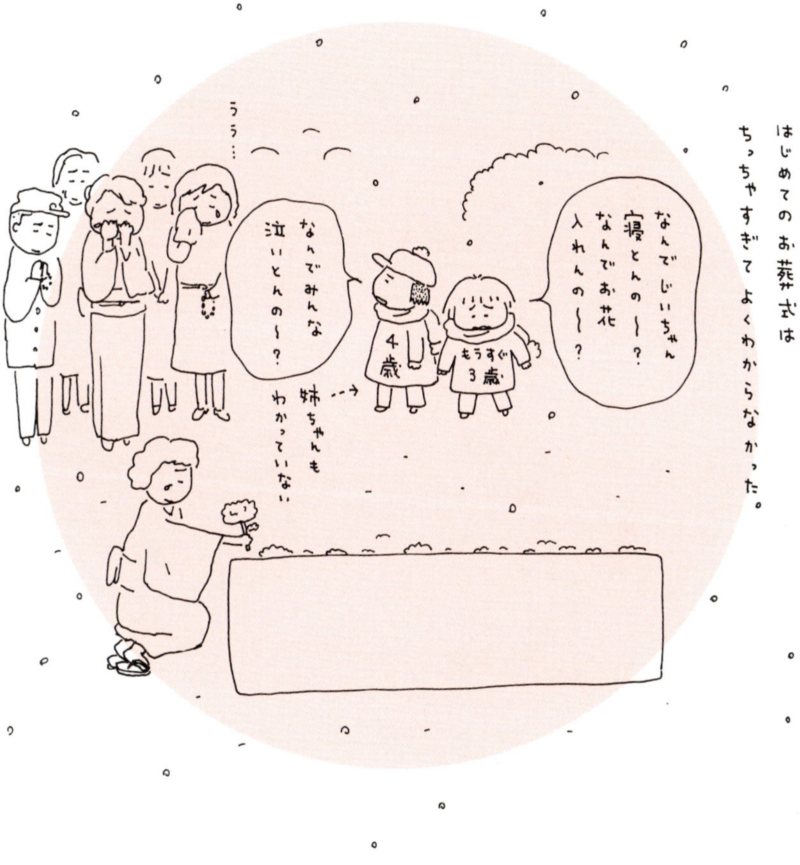
はじめてのお葬式は
ちっちゃすぎてよくわからなかった。
なんでじいちゃん寝とんの〜？
なんでお花入れんの〜？
なんでみんな泣いとんの〜？
ウウ…
4歳
もうすぐ3歳
姉ちゃんもわかっていない

Chapter 9

はじめてのスーパーヒーロー

1976年
2歳

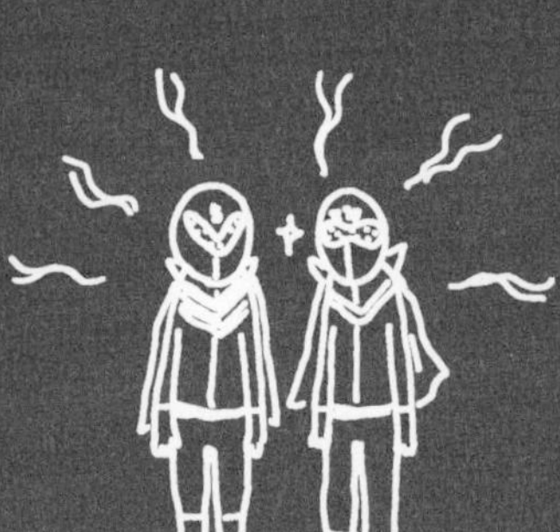

とぎれとぎれの断片的な
記憶ならあるものの、
はっきり憶えている一番
はじめの記憶は 2歳8ケ月
のある冬の日の……
はじめてスーパーヒーローを
見たあの日のこと……。

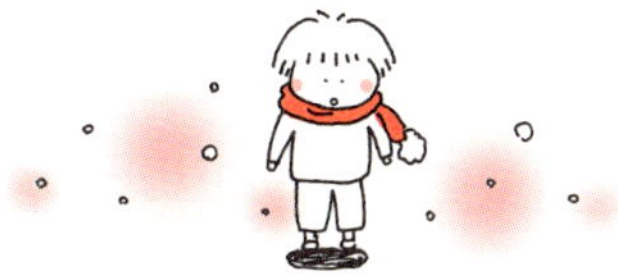

その日は近くにできた
信用金庫の開店の日で……

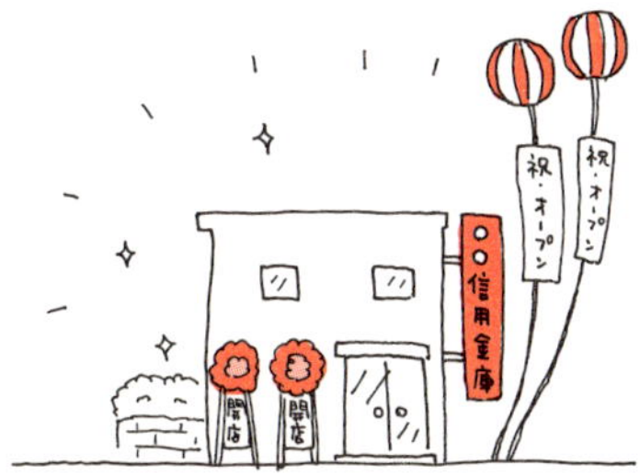

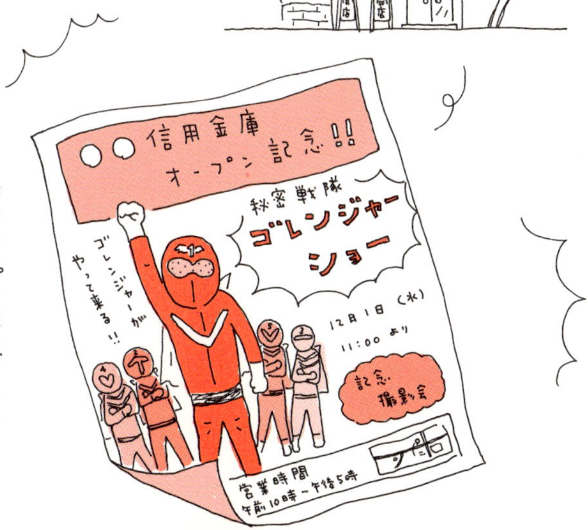

そのオープン記念として
当時大人気だったゴレンジャーが
やって来ることになっていた。

そしてうちも
父・母・姉・私の4人で
見に出掛けたのだった。

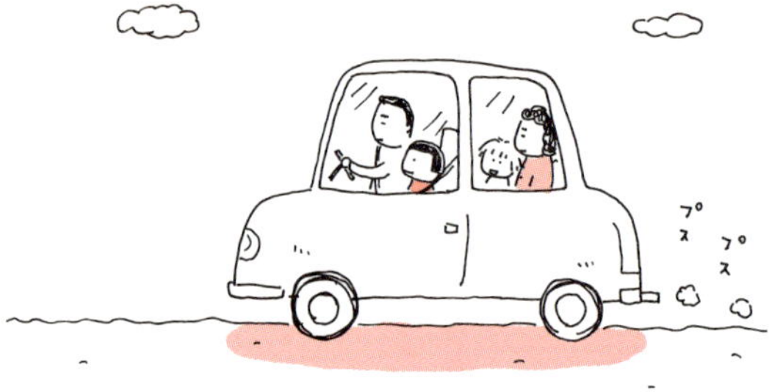

↓

信用金庫前には
ゴレンジャーをひと目見ようと
たくさんの人が詰めかけていた。

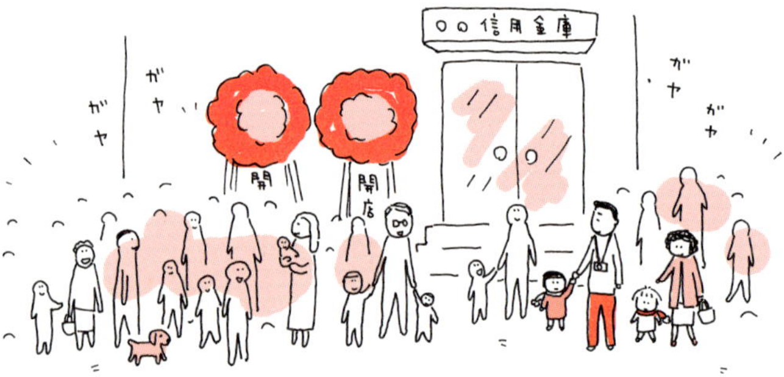

↓

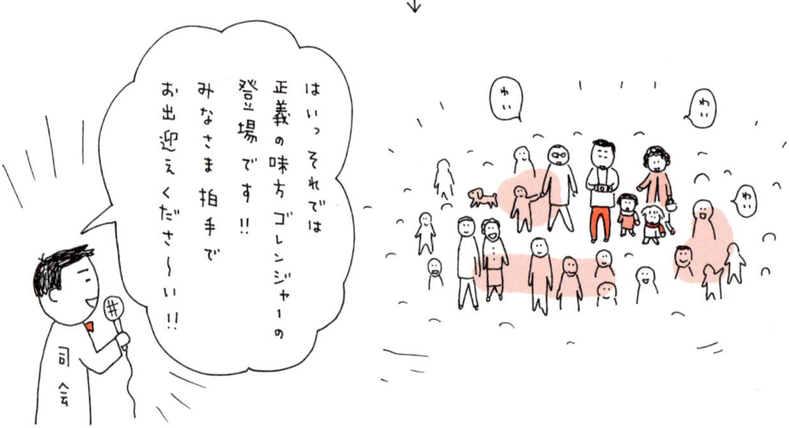

そしてこのゴレンジャーが登場した場面から……

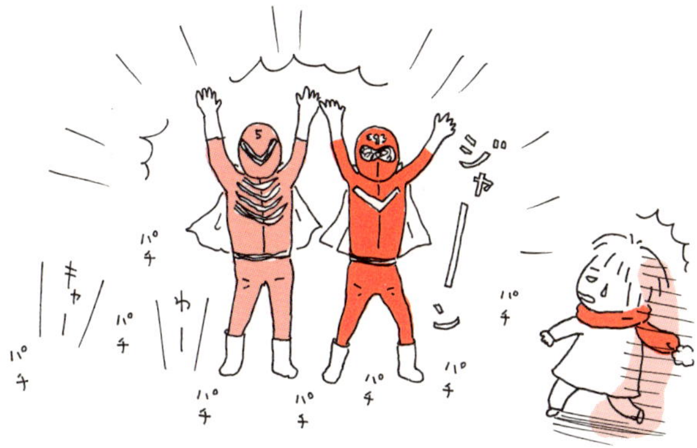

私の記憶はスタートする。

↓

それまでテレビで何度もゴレンジャーを見ていたものの実際目の前で見るゴレンジャーは……

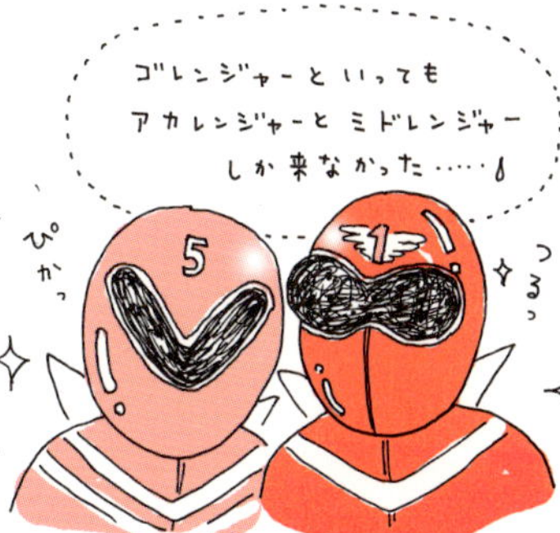

カラフルでピカピカしていてとてもこの世の生き物とは思えない感じで……

↓

当時の私にはものすごく衝撃的で……

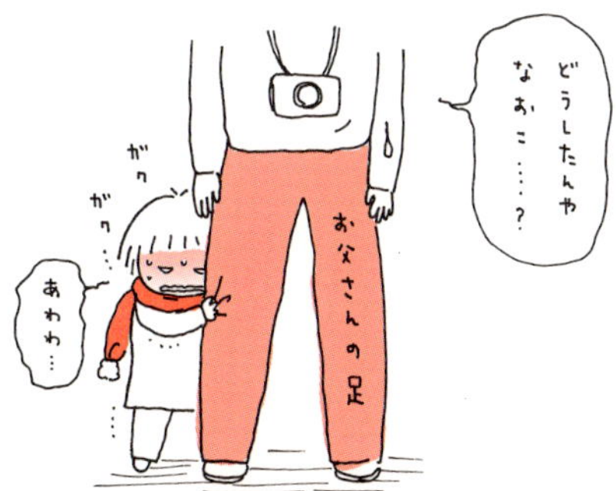

ものすごくものすごく恐ろしいものに見えたのだった。

しかもこの日のメインイベントは「ゴレンジャーと一緒に写真を撮ろう」だった。

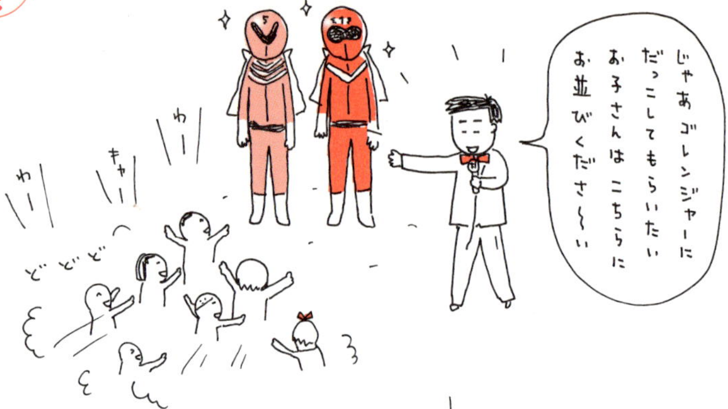

↓

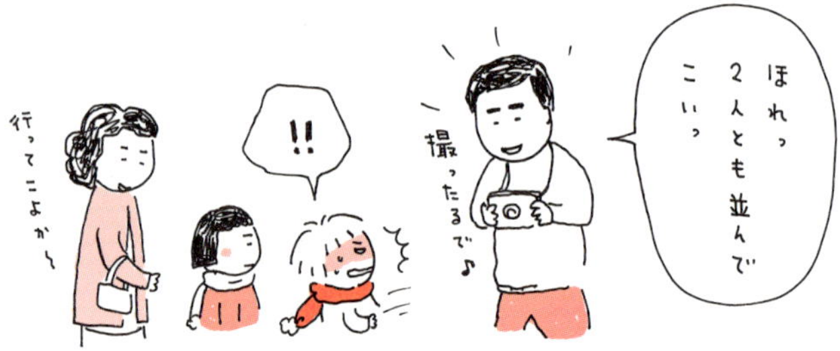

↓

当然のごとく激しく抵抗……。

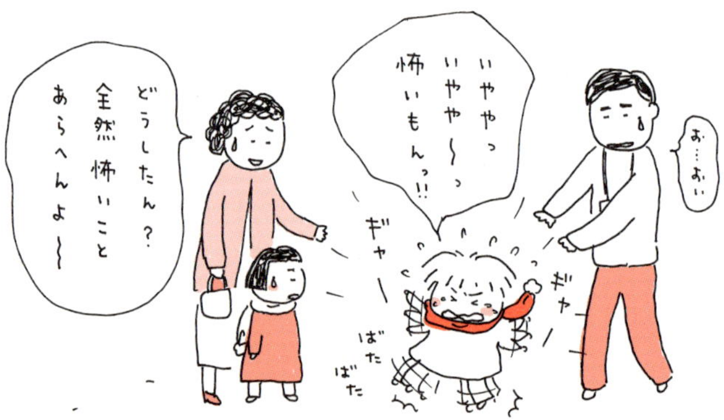

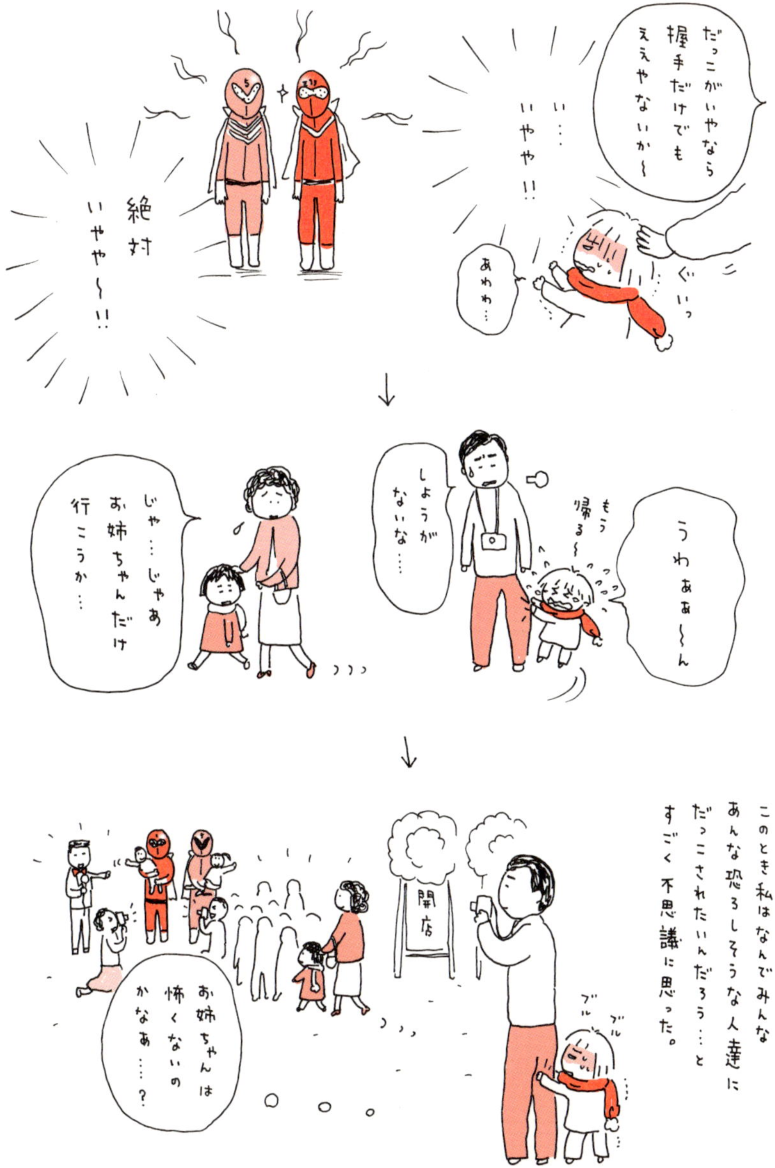
だっこがいやなら握手だけでもええやないか～
い…いやや!!
ぐいっ
あわわ…
絶対いやや～!!
うわぁぁ～ん
もう帰る～
しょうがないな…
じゃ…じゃあお姉ちゃんだけ行こうか…
このとき私はなんでみんなあんな恐ろしそうな人達にだっこされたいんだろう…とすごく不思議に思った。
開店
ブルブル
お姉ちゃんは怖くないのかなあ…?

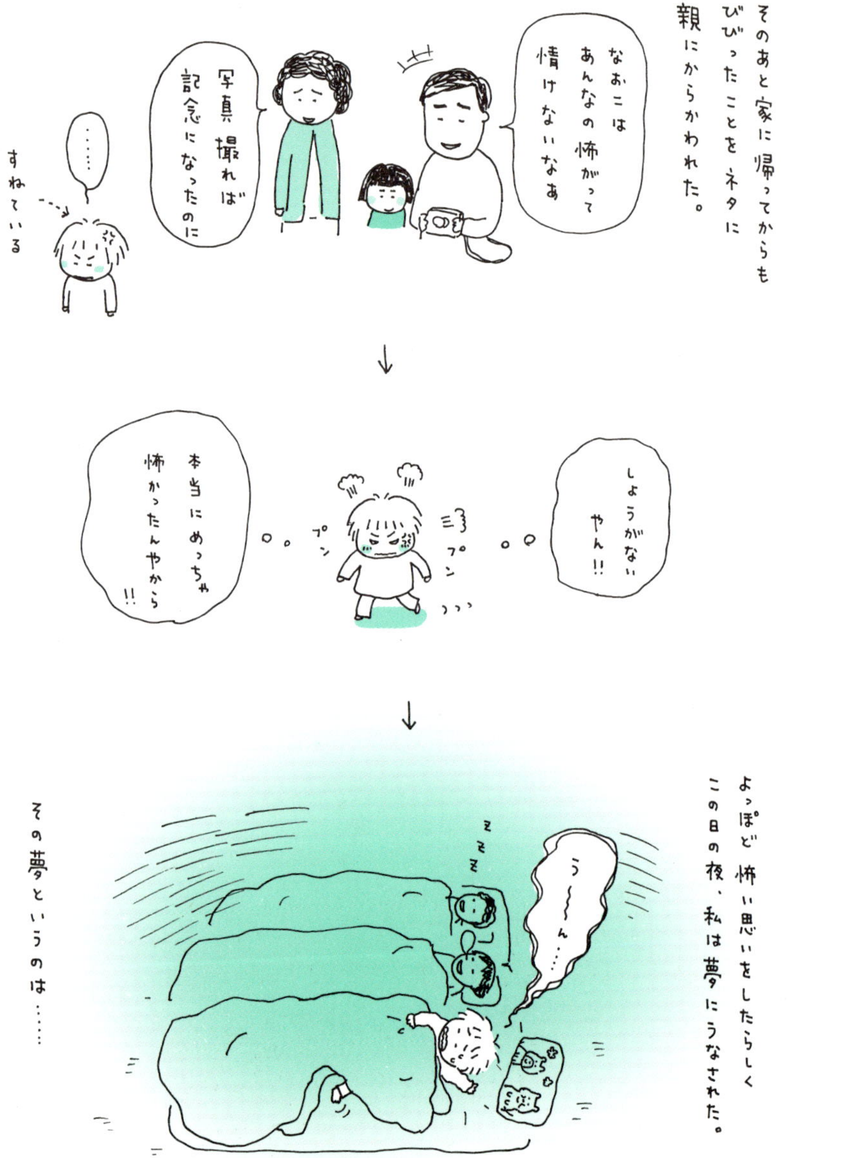
そのあと家に帰ってからもびびったことをネタに親にからかわれた。
なおこはあんなの怖がって情けないなあ
写真撮れば記念になったのに
……
すねている
しょうがないやん!!
プン
プン
本当にめっちゃ怖かったんやから!!
よっぽど怖い思いをしたらしくこの日の夜、私は夢にうなされた。
z z z
う〜〜ん……
その夢というのは……

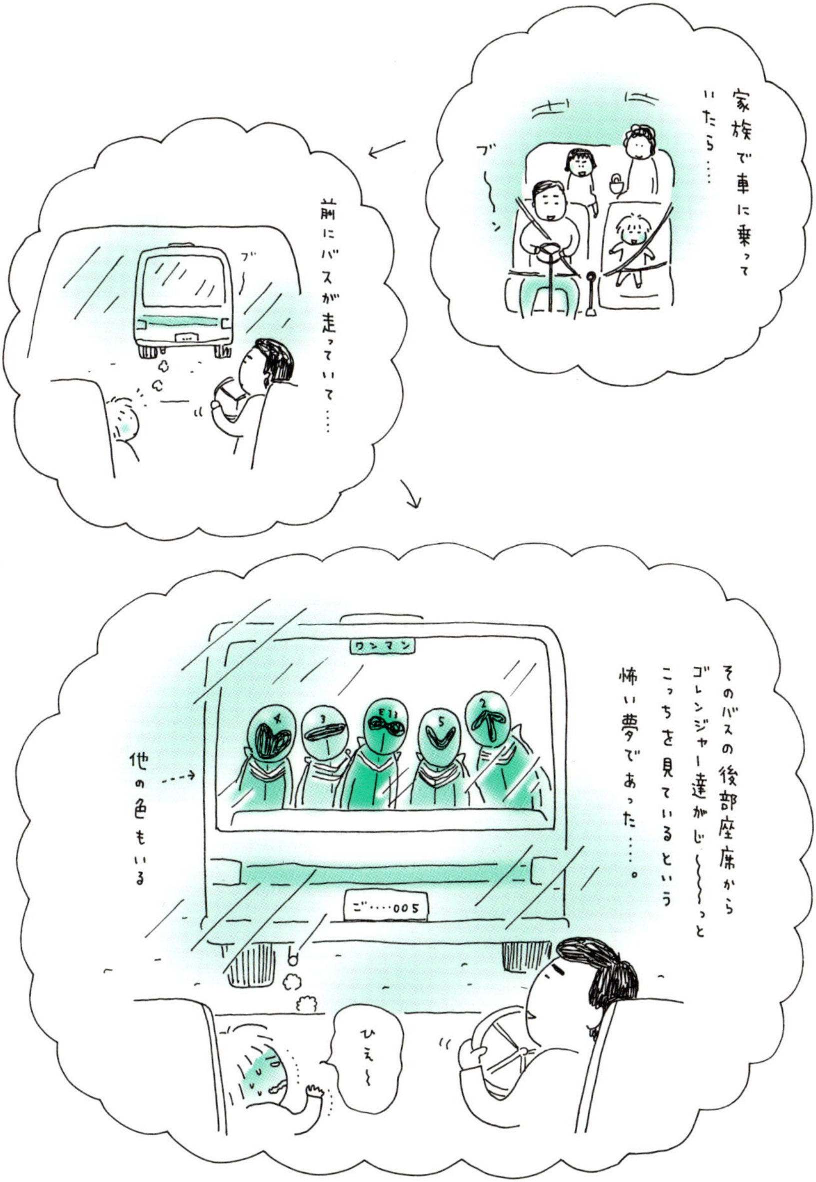

家族で車に乗っていたら・・・・
ブ〜ン
前にバスが走っていて・・・・
ブ〜
ワンマン
そのバスの後部座席からゴレンジャー達がじ〜〜〜っとこっちを見ているという怖い夢であった・・・・。
他の色もいる
ご・・・・005
ひぇ〜

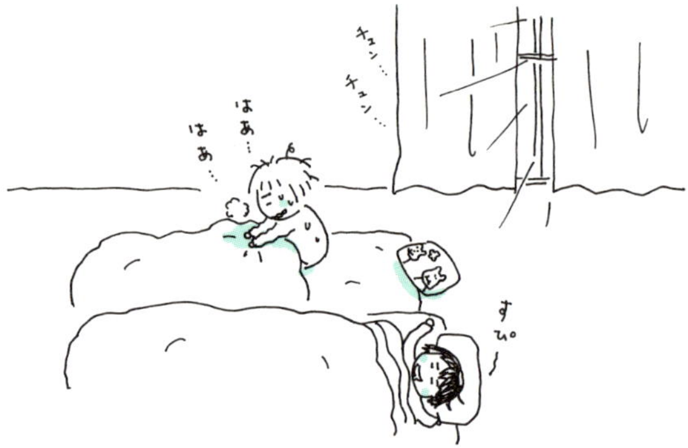

……それが私が憶えている
最古の夢の記憶でもある。

この日の写真は我が家のアルバムの中に
今でも残っています。

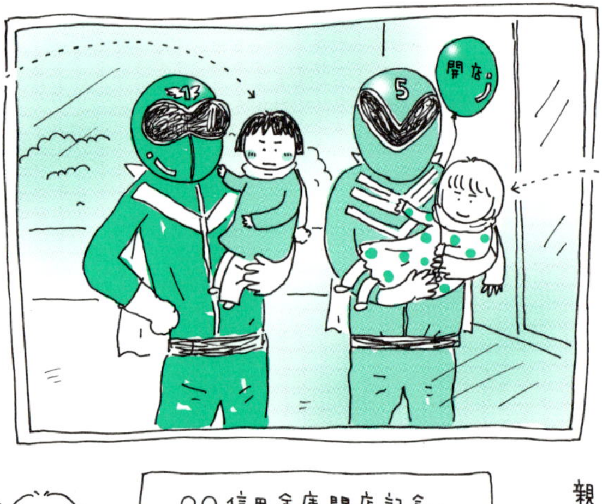

どこかの知らない女の子

さすがにちょっと緊張顔の
お姉ちゃん

親が書いたコメント

〇〇信用金庫開店記念。
なおこは握手もダメ。
意外に気が小さい。

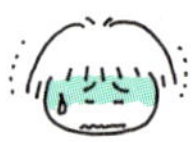

もちろん私は
写っていない

おわり

✦その後のスーパーヒーロー✦

このときのゴレンジャーがトラウマに
なったのか、その後も私は
着ぐるみなどを怖がるように
なってしまった。

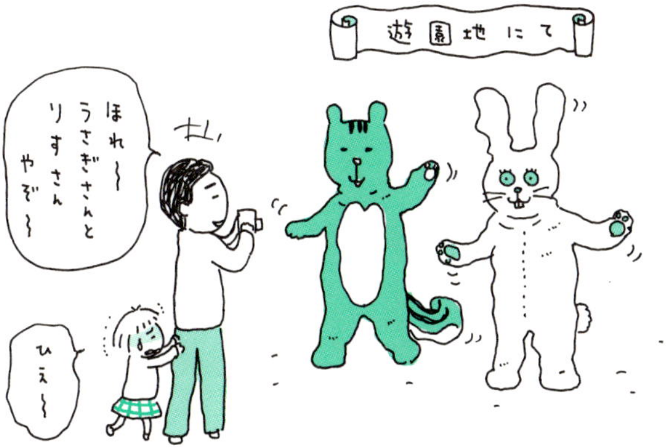

そして大人になった今でも
着ぐるみ類はあまり
得意でなかったりする……。

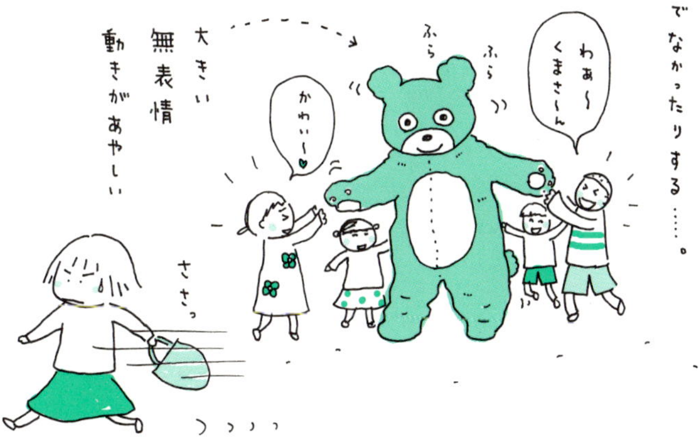

Chapter 10

はじめての居酒屋

1990年
16歳

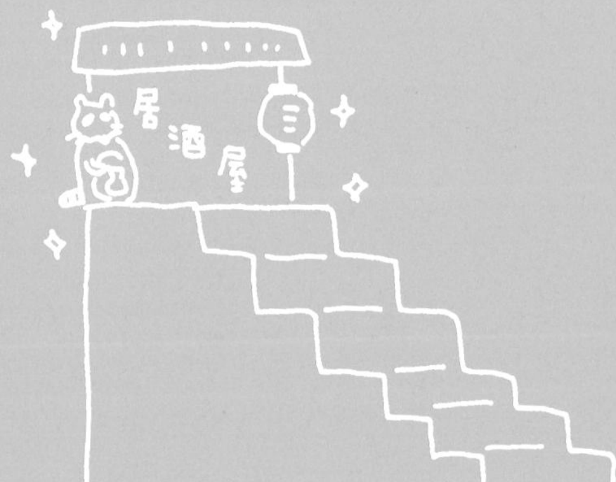

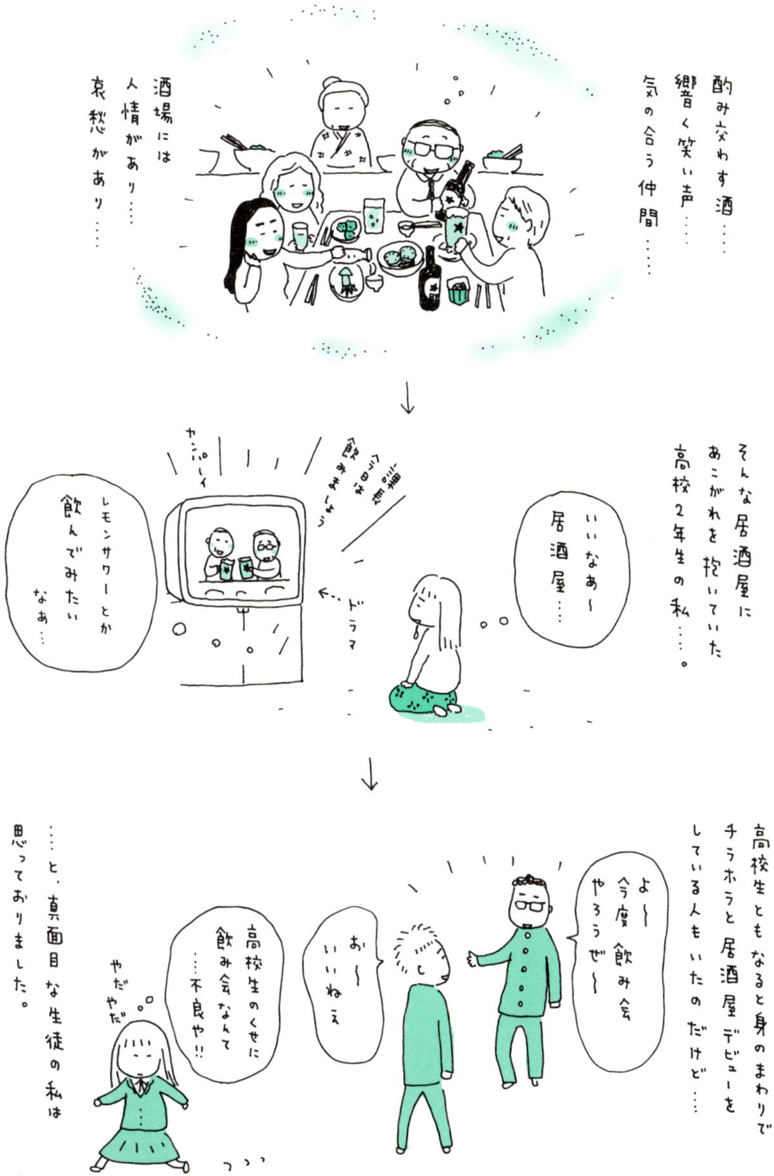
酌み交わす酒……
響く笑い声……
気の合う仲間……
酒場には人情があり……
哀愁があり……
そんな居酒屋にあこがれを抱いていた高校2年生の私……。
いいなあ～居酒屋……
課長～今日は飲みましょう
カンパーイ
ドラマ
レモンサワーとか飲んでみたいなあ…
高校生ともなると身のまわりでチラホラと居酒屋デビューをしている人もいたのだけど……
よ～今度飲み会やろうぜ～
おー～いいねえ
高校生のくせに飲み会なんて…不良や!!
やだやだ
……と、真面目な生徒の私は思っておりました。

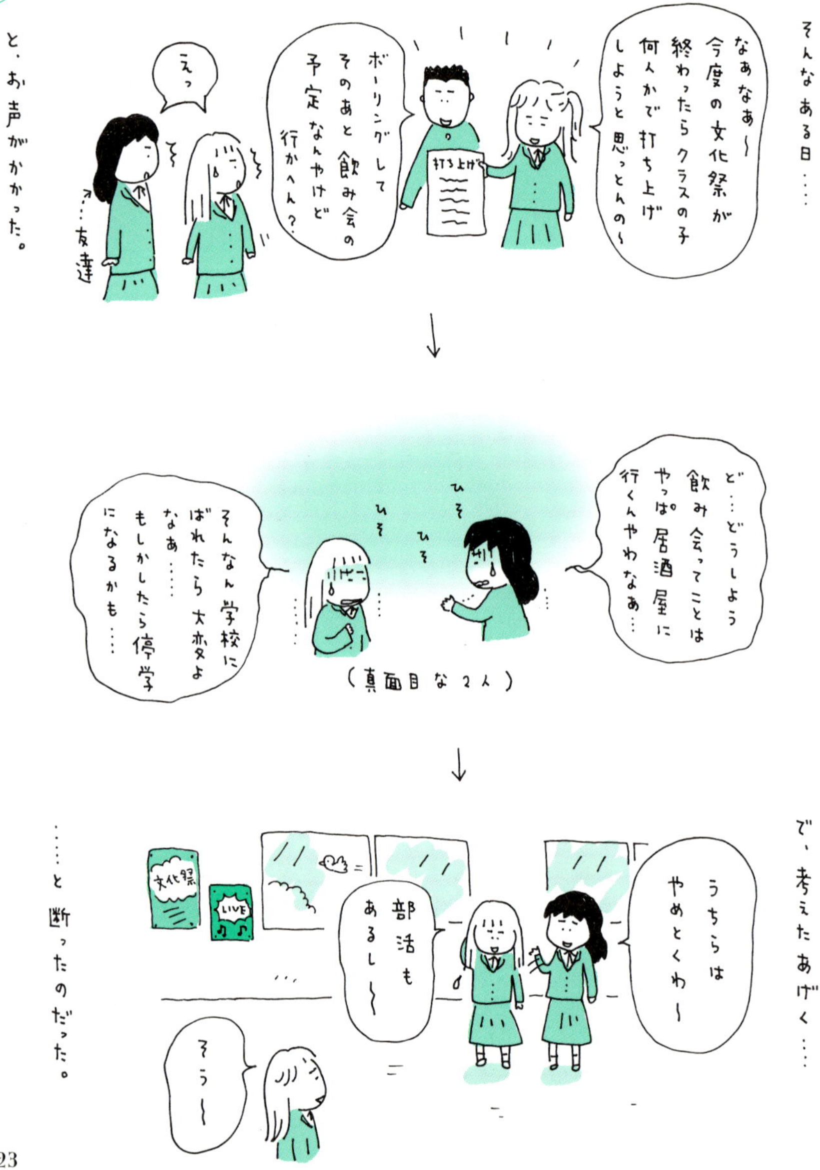
そんなある日……
なあなあ〜 今度の文化祭が終わったらクラスの子何人かで打ち上げしようと思っとんの〜
打ち上げ
ボーリングしてそのあと飲み会の予定なんやけど行かへん？
えっ
友達
と、お声がかかった。
ど…どうしよう 飲み会ってことは やっぱ居酒屋に 行くんやわなあ…
ひそ ひそ ひそ ひそ
そんなん学校に ばれたら大変よ なあ…… もしかしたら停学 になるかも……
（真面目な2人）
で、考えたあげく……
うちらは やめとくわ〜
部活も あるし〜
文化祭
LIVE
そう〜
……と断ったのだった。

だけどそのパスした打ち上げは
なかなか盛り上がったのらしく……

行ってないので想像図

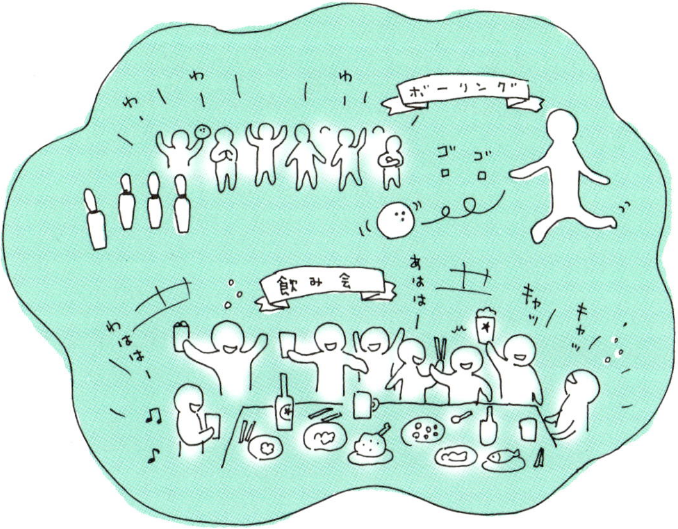

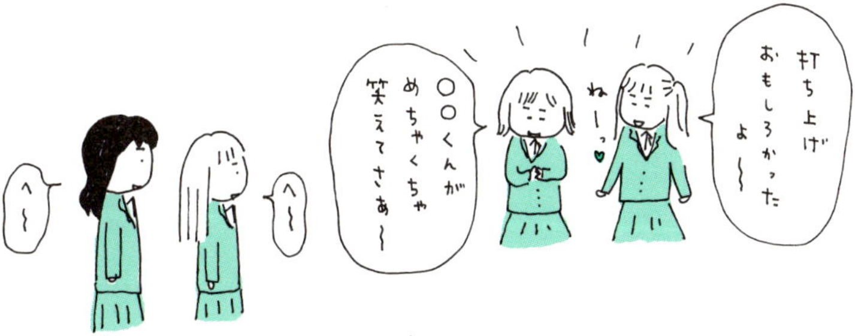

↓

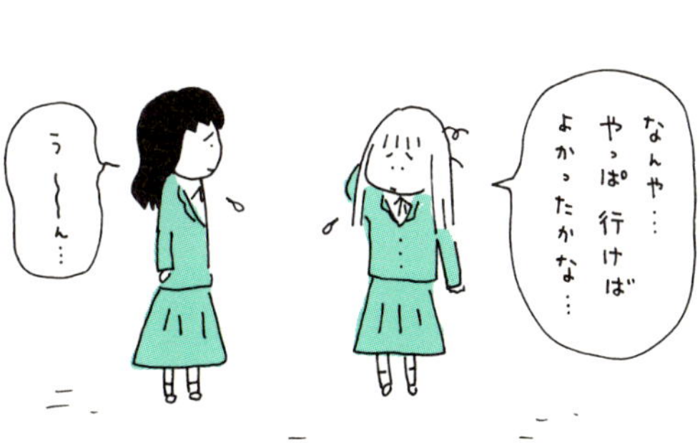

行かなかったことをちょっぴり
後悔したのだった。

それからしばらくたったある日の部活で……

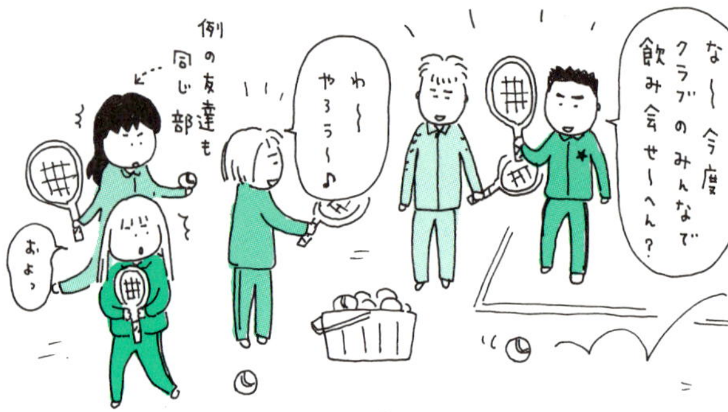

またもや飲み会の話がやってきた。

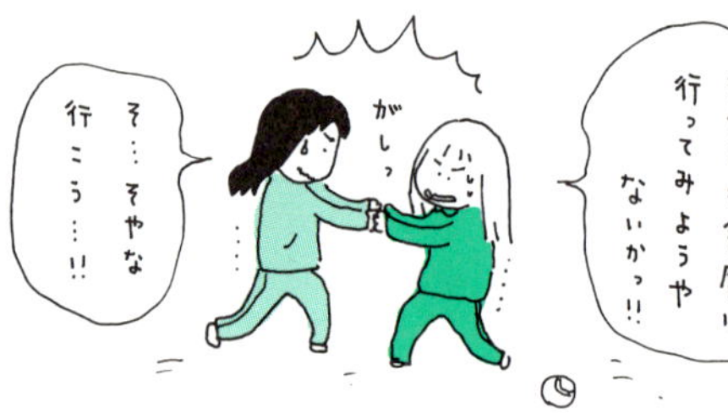

こうしてついに私と友達も大人の世界に足を踏み入れる決心をしたのだった。

とはいっても内心は罪悪感や恐怖心でいっぱい……。

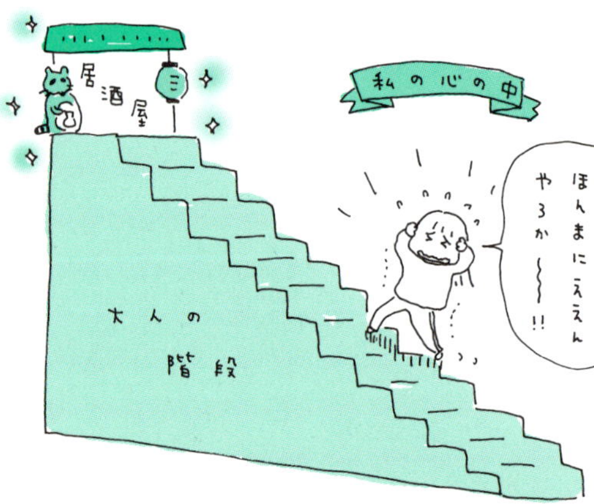

でも居酒屋に行ってみたいという気持ちもやっぱり止められない……。

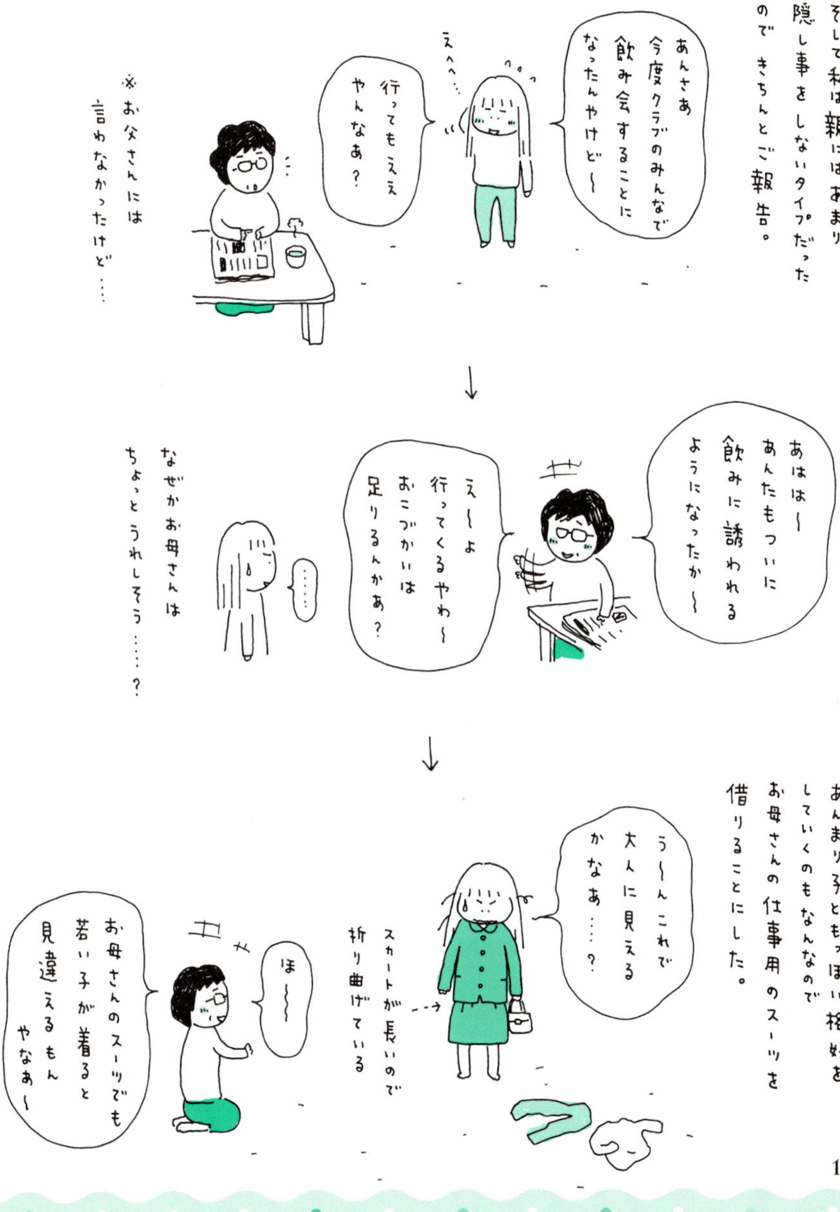
そして私は親にはあまり
隠し事をしないタイプだった
ので きちんとご報告。
あんさあ
今度クラブのみんなで
飲み会することに
なったんやけど〜
えへへ…
行ってもええ
やんなあ？
※お父さんには
言わなかったけど…
あはは〜
あんたもついに
飲みに誘われる
ようになったか〜
え〜よ
行ってくるやわ〜
おこづかいは
足りるんかあ？
……
なぜかお母さんは
ちょっとうれしそう……？
あんまり子どもっぽい格好を
していくのもなんなので
お母さんの仕事用のスーツを
借りることにした。
う〜んこれで
大人に見える
かなあ…？
スカートが長いので
折り曲げている
ほ〜〜
お母さんのスーツでも
若い子が着ると
見違えるもん
やなあ〜

そしてついに飲み会当日……。

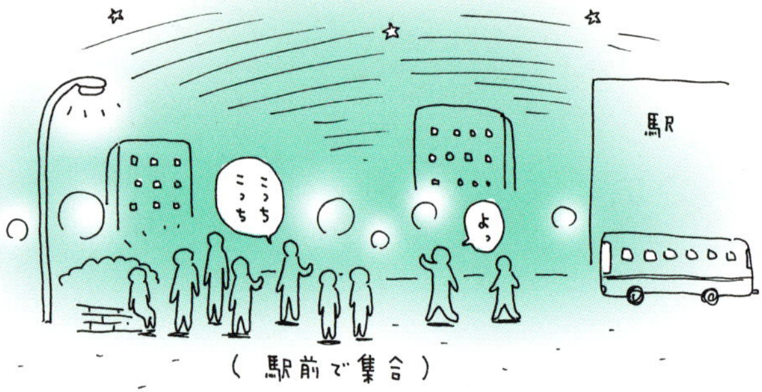

夜に友達と待ち合わせるということもめったにないことですでにドキドキ……。

「大人っぽい格好」を目指した結果私も友達もなんだかおかしな格好……。

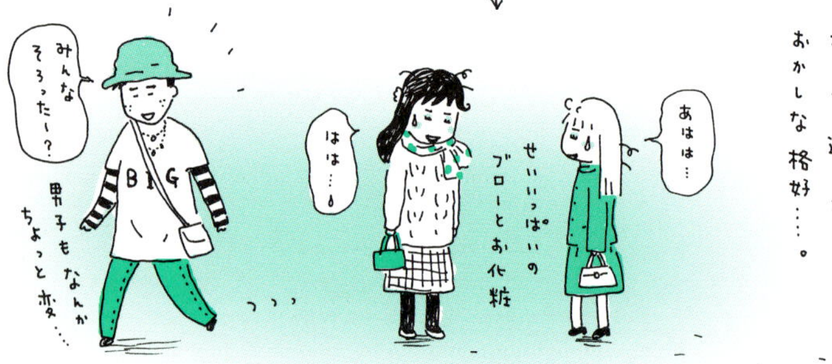

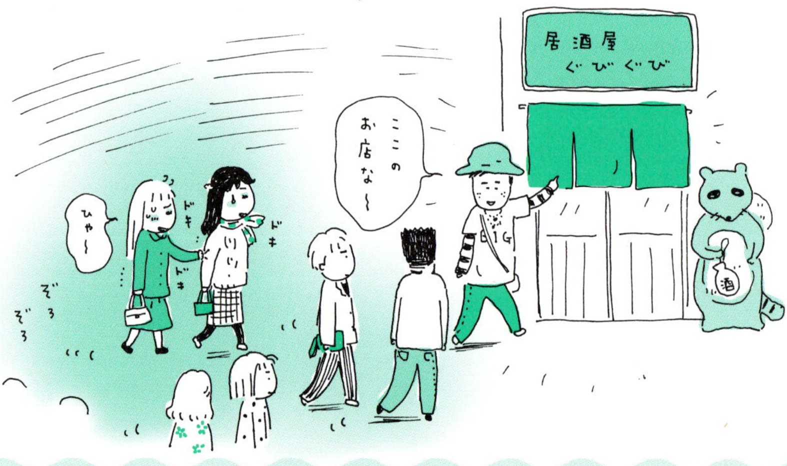

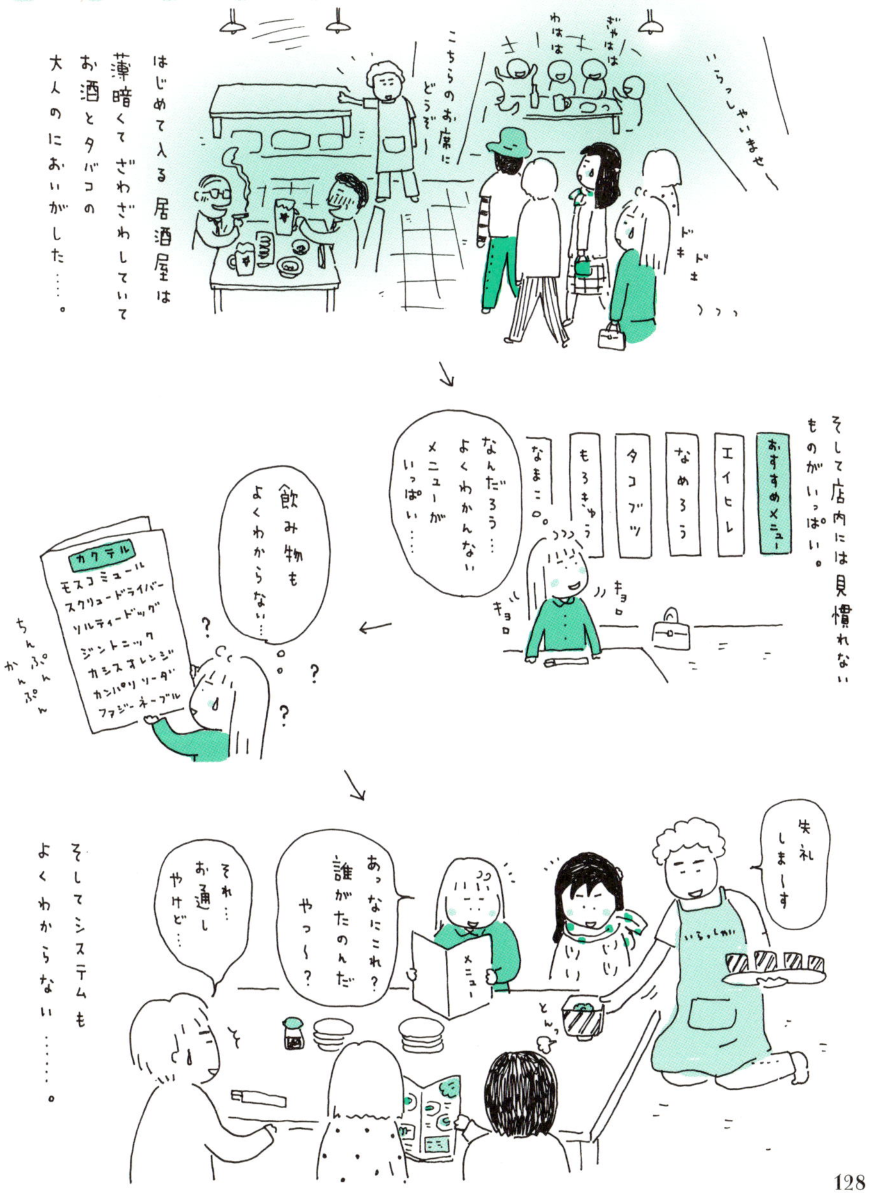

はじめて入る居酒屋は
薄暗くてざわざわしていて
お酒とタバコの
大人のにおいがした……。
いらっしゃいませ〜
こちらのお席にどうぞ〜
ぎゃははは
わははは
ドキドキ
そして店内には見慣れない
ものがいっぱい。
おすすめメニュー
エイヒレ
なめろう
タコブツ
もろきゅう
なまこ。
なんだろう…
よくわかんない
メニューが
いっぱい……
キョロ
キョロ
飲み物も
よくわからない……
カクテル
モスコミュール
スクリュードライバー
ソルティードッグ
ジントニック
カシスオレンジ
カンパリソーダ
ファジーネーブル
ちんぷんかんぷん
失礼しまーす
いらっしゃい
あっなにこれ？
誰がたのんだ
やつ〜？
それ…
お通し
やけど…
メニュー
とんっ
そしてシステムも
よくわからない……。

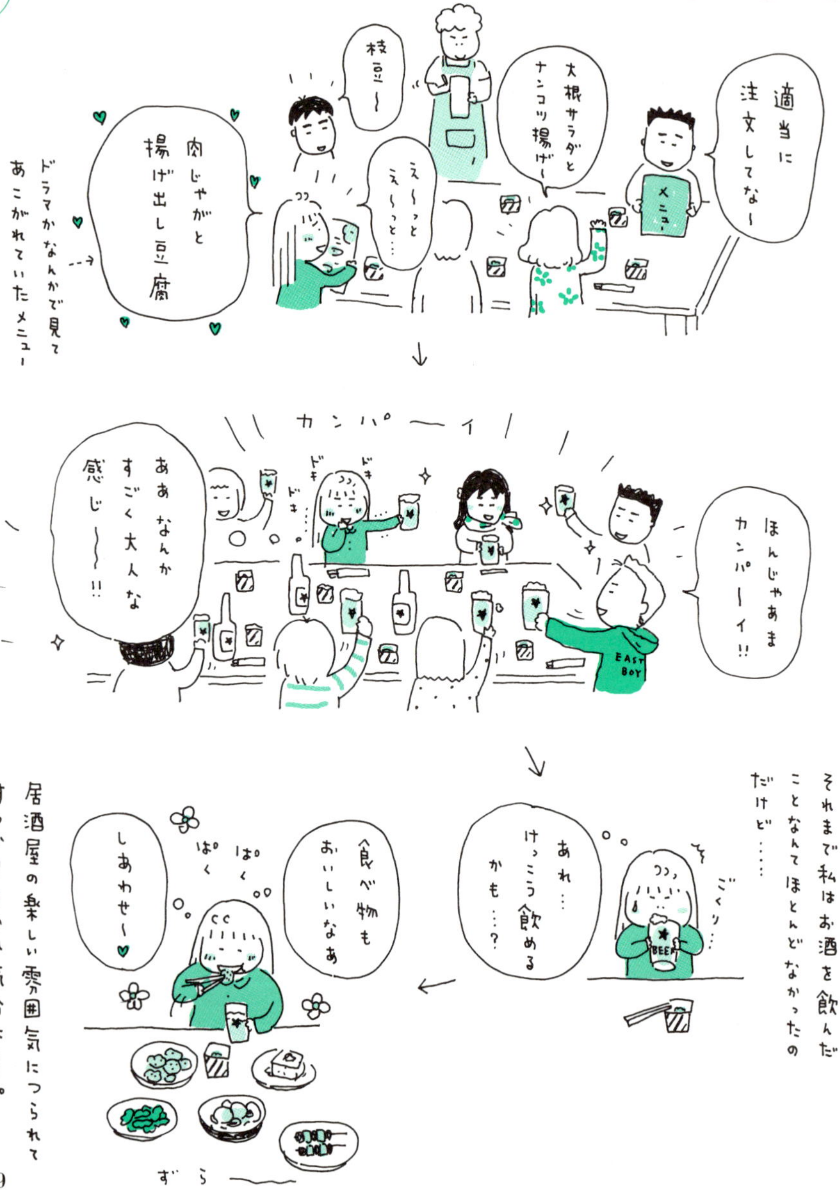
適当に注文してな～
大根サラダとナンコツ揚げ～
枝豆～
メニュー
え～っと え～っと…
肉じゃがと揚げ出し豆腐
ドラマかなんかで見てあこがれていたメニュー
カンパーイ
ほんじゃあまカンパーイ!!
ドキ ドキ ドキ
ああなんかすごく大人な感じ～～!!
EAST BOY
それまで私はお酒を飲んだことなんてほとんどなかったのだけど……
ごくり…
BEER
あれ…けっこう飲めるかも…?
食べ物もおいしいなあ
ぱく ぱく
しあわせ～♥
居酒屋の楽しい雰囲気につられてすっかりうかれ気分に……。
ずらーー

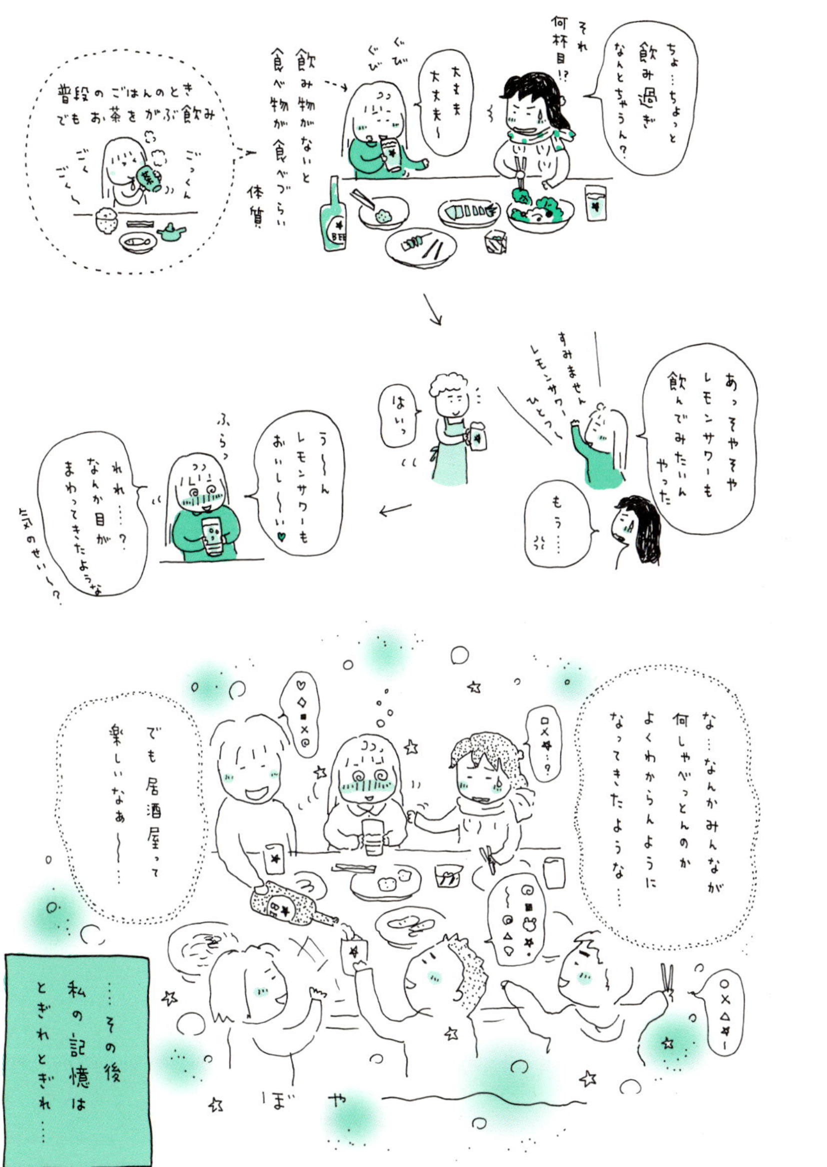

ちょ…ちょっと飲み過ぎなんとちゃうん？
それ何杯目!?
大丈夫大丈夫〜
ぐび ぐび
飲み物がないと食べ物が食べづらい体質
普段のごはんのときでもお茶をがぶ飲み
ごっくん
ごく ごく〜
あっそやそやレモンサワーも飲んでみたいんやった
もう…
すみませんレモンサワーひとつ〜
はいっ
う〜んレモンサワーもおいし〜い♡
ふらっ
れれ…？なんか目がまわってきたような
気のせい〜？
な…なんかみんなが何しゃべっとんのかよくわからんようになってきたような…
でも居酒屋って楽しいなぁ〜〜…
…その後私の記憶はとぎれとぎれ…
ぼや

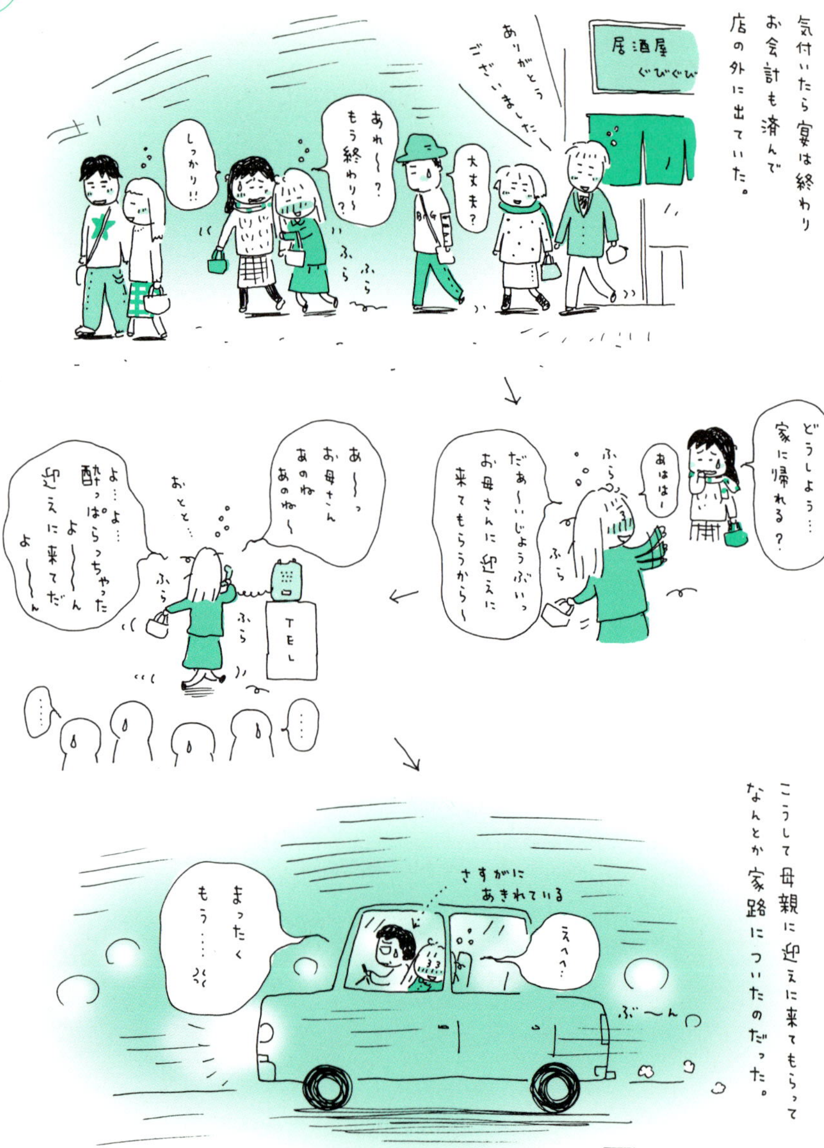
気付いたら宴は終わり
お会計も済んで
店の外に出ていた。
居酒屋
ぐびぐび
ありがとうございました〜
大丈夫?
あれ〜?
もう終わり〜?
しっかり!!
ふら
ふら
どうしよう…
家に帰れる?
あはは!
だぁ〜いじょうぶいっ
お母さんに迎えに
来てもらうから〜
ふら
ふら
あ〜っ
お母さん
あのね
あのね〜
おとと…
よ…よ…
酔っぱらっちゃった
よ〜〜ん
迎えに来てだ
よ〜〜ん
ふら
ふら
TEL
……
……
こうして母親に迎えに来てもらって
なんとか家路についたのだった。
さすがに
あきれている
えへへ…
まったく
もう…
ぶ〜ん

家に着いてからはさらに酔いがまわってバタンキュー。

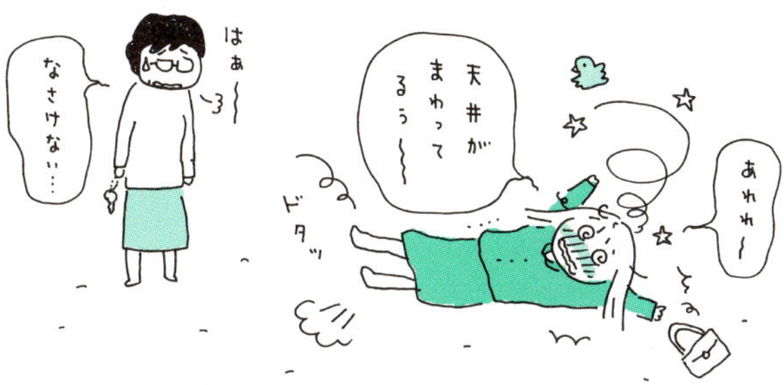

↓

そして次の日
はじめての二日酔い……。

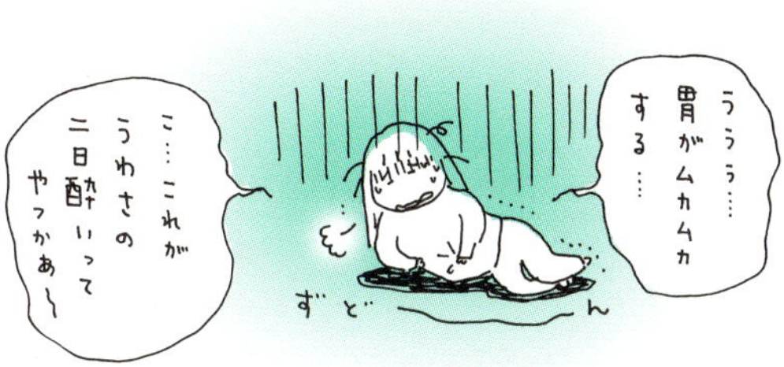

↓

さらに次の日学校に行ったら友達からたくさんの苦情が寄せられてきて……

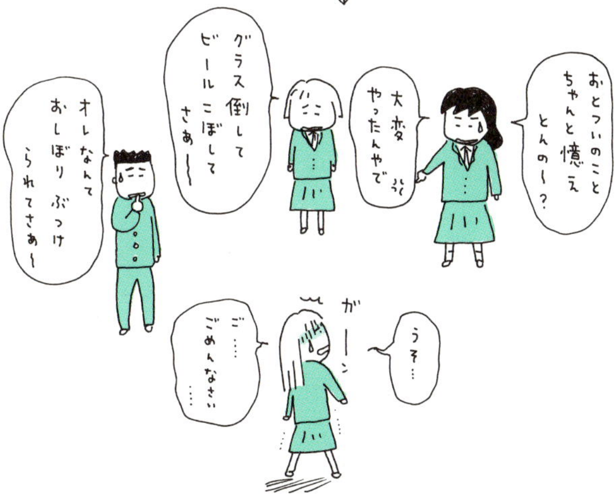

自分の酒ぐせの悪さに大ショックを受けたのだった……。

おわり

✦その後の居酒屋✦

あれから10数年たった
現在……すっかり
居酒屋大好き人間の私。

飲み物は
ビールが一番
好き……。

イカの沖漬けとか
なすの一本漬けとか
好きです。

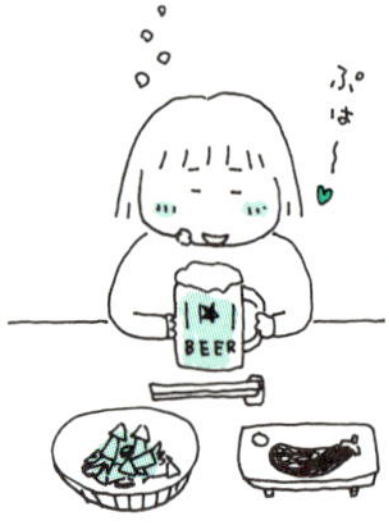

酒ぐせはあいかわらずあまり
よくないので飲みすぎないように
気をつけているのだけど……

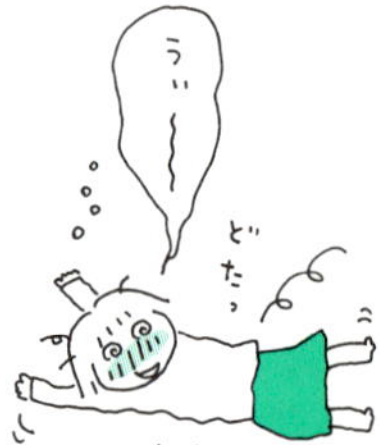

でも たまに
やらかしてしまう…

最近はお酒を飲むとすぐ
眠たくなる体質にもなってきて
しまってそれにもちょっと
困ってます…。

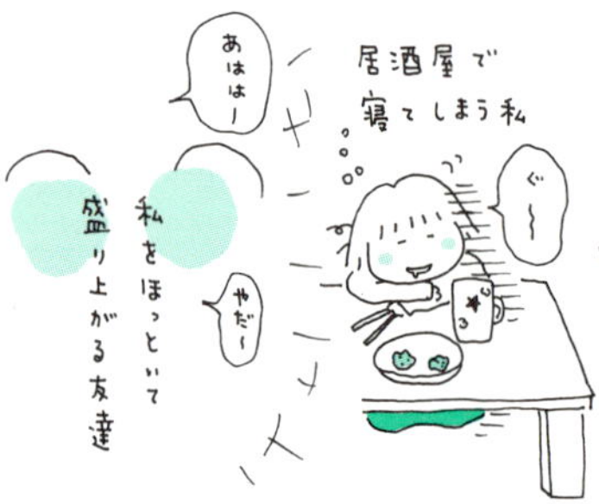

私が言うのもなんですが……

お酒は20歳をすぎてから

です。

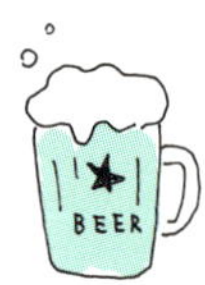

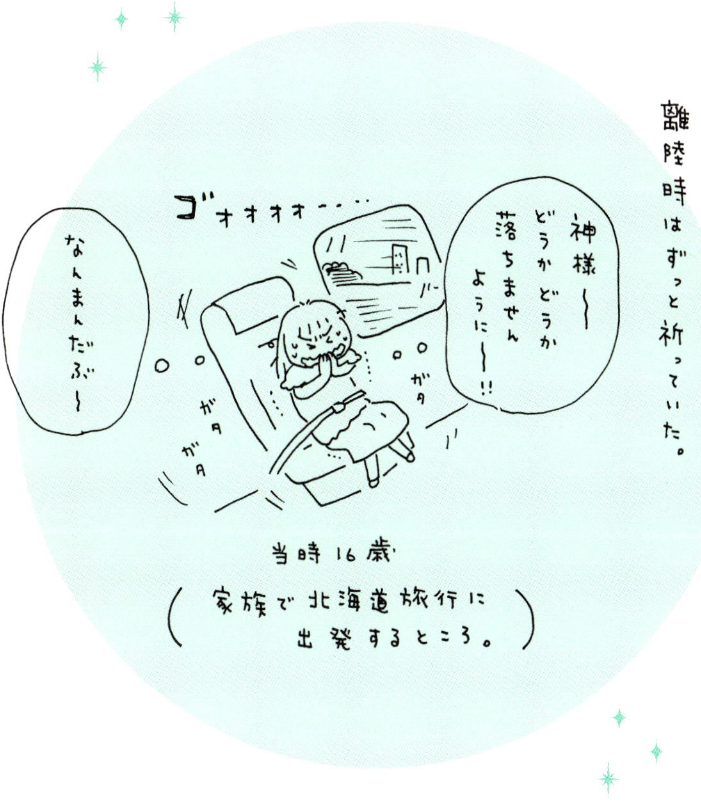
はじめて飛行機に乗ったとき、
離陸時はずっと祈っていた。
神様〜どうかどうか落ちませんように〜!!
ゴオオオオー…
ガタ
ガタ
ガタ
なんまんだぶ〜
当時16歳
(家族で北海道旅行に出発するところ。)

あとがき

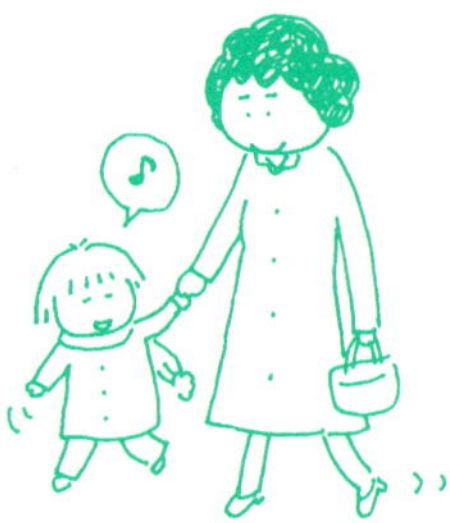

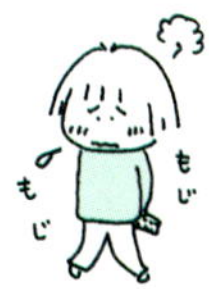

なんでもはじめてのときってのは、たいていちょっと舞い上がってしまったり、
オロオロして失敗してしまったり、…ってなことが多いように思います。
でもはじめてなことって、おもしろいことも多いですよね。
はじめて会う人ってのも、緊張しちゃうけど、どういう人なのか楽しみだったりするし、
はじめて歩く町というのも、道に迷っちゃったりもするけど、
なにがあるのかなぁ〜と、歩いていてワクワクするし。
よくわからないからこそ不安も期待もいっぱい!!…という感じで。

はじめてのときのそういうドキドキした気持ちって、
慣れてしまうと忘れていってしまうことも多いけど、
そういう風にしてはじめてだったことが日常の一部になってしまうこともまた、

おもしろいことだなぁ〜と思ったりします。

子どもの頃はそんな「はじめて」が本当にいっぱいあったような気がするけど、
大人になってもまだまだ「はじめて」のことってのは
いっぱいあるのだなぁ〜とも思います。

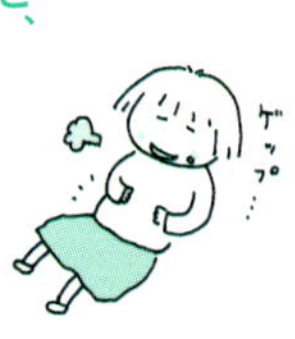

そしてきっとどんなにおばあちゃんになっても、やっぱりはじめてのことというのは、
ちょこっとドキドキしちゃうものじゃないのかなぁ…。

私にもみなさまにも、これからもたくさんの楽しい「はじめて」が待ってますように。

2005年4月　たかぎなおこ

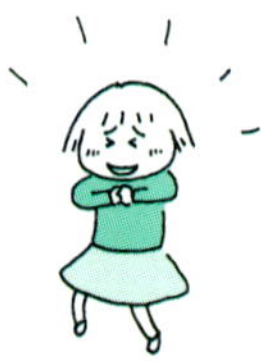

はじめて携帯電話を持ったとき、
まず自分で自分にかけてみた。

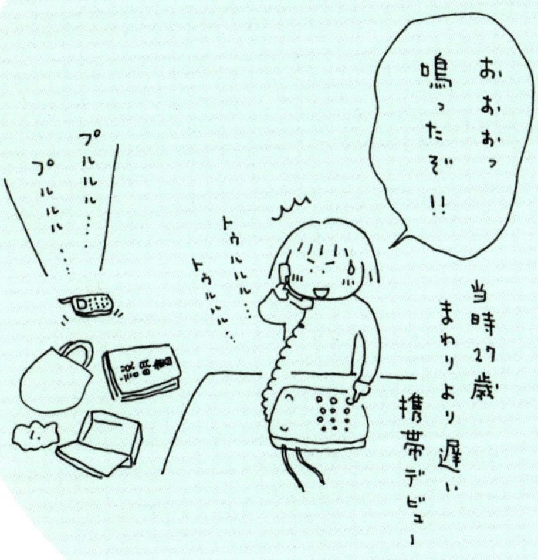

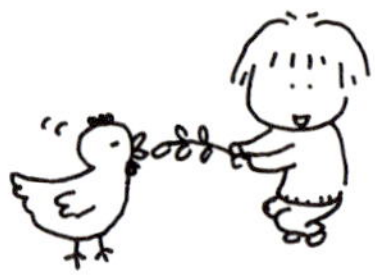 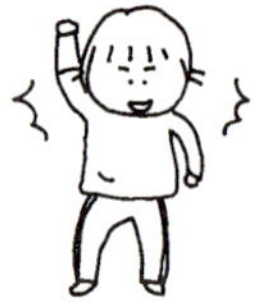 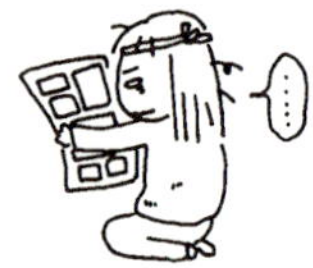

はじめてだったころ

2005年6月20日 第1版第1刷

著　者　たかぎなおこ
発行者　蔀　聡志
発行所　株式会社廣済堂出版
〒104-0061 東京都中央区銀座3-7-6
電話03-3561-1160(編集部) 03-3538-7212(販売部)
Fax 03-3538-7223(販売部) 振替00180-0-164137
http://www.kosaido-pub.co.jp

印刷・製本　株式会社廣済堂

ブックデザイン　石村紗貴子
編集　伊藤岳人(廣済堂出版)
ISBN4-331-51098-0　C0095

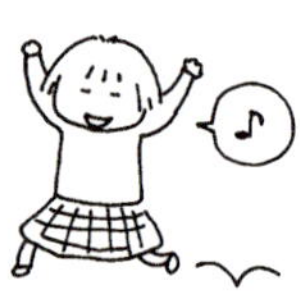  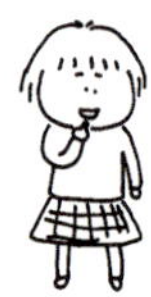

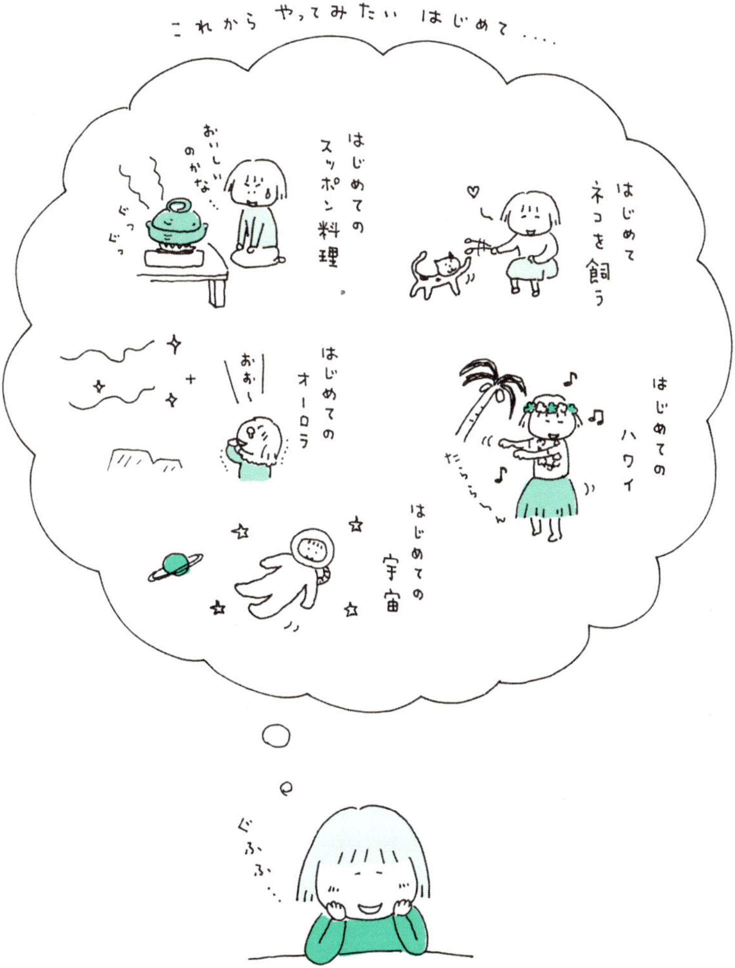
これから やってみたい はじめて….
はじめてのスッポン料理
おいしいのかな…
ぐつぐつ
はじめてネコを飼う
はじめてのオーロラ
おぉ〜
はじめてのハワイ
たららら〜ん
はじめての宇宙
ぐふふ…